图解 精益制造 *083*

聚焦用户立场的改善：
丰田式改善推进法

最強の現場をつくり上げる！トヨタ式「改善」の進め方

[日] 若松义人 著

王蕾 译

人民东方出版传媒
People's Oriental Publishing & Media
东方出版社
The Oriental Press

自我进入丰田汽车公司，投身于丰田生产方式以及丰田式改善活动以来，已有半个世纪之久。前25年主要致力于丰田生产方式在丰田公司、丰田集团以及合作企业内部的普及与巩固。后25年则拓展至服务业等汽车以外的行业，奔走于日本国内和海外数个国家之间，协助企业推行以丰田模式为基础的生产改革或经营改善。

从我多年的经验来看，丰田生产方式以及丰田式改善，不仅仅是简单的汽车制造或零件生产手段、手法，而是适用于所有行业或职业，能够促使工作或服务发生极大转变的秘诀。

这套诞生自日本爱知县三河地区一家汽车公司的生产体系为何具有如此强大的普适性？

"改善的目的是什么？是为了顾客。"原因之一可借这句话淋漓尽致地得以体现。要完全站在顾客的立场上，以"日日改善，日日实践"的理念满足不断变化的顾客需求。

另一个原因在于，这套体系能最大限度地激发人们所拥有的潜力和智慧，并有效地加以利用。让工作在现场的人们发挥主动性，积极发现问题，提出自己的想法，一丝不苟地执行，小心谨慎地跟进。正因为有了这些特征，所以才具备广泛而灵活的普适性。

然而也正因为如此，这套体系的导入和巩固才会存在一定的困难。

若将顾客的立场搁置一旁，优先考虑制造者的立场，丰田生产方式及丰田式改善的导入倒也不难。只需要引入特定的手段或手法即可，经企业高层做出决断后便能顺利导入，得到员工的支持就能扎根立足。

不过，丰田模式在制造方法或思维方式上虽有明确的原理及原则，但在手段或手法方面却没有既定的参考。应在原理原则上运筹帷幄的同时，结合现场、企业的实际情况反复做出改善，适应企业发展的需要，逐渐向顾客的立场靠近。通过改善活动，培养"运用智慧工作的人才""拥有改善力的人才"，再依托成长起来的人才更加深入地持续改善，最终形成自身企业独有的生产方式或服务。

这种"人才的培养"需要时间、精力和恒心。若只是对照参考指南按部就班，无法取得预期效果时便会半途而废，企业必将一无所获。

因此，本书除了阐明现场人员所需的手段或手法之外，重点强调了企业高层如何培养持之以恒的决心，以及管理监督者应有的思想准备。并且，针对推行改善活动过程中遇到的问题，本书将通过大量的事例，介绍先进企业的处理方法和经验。从这个意义上讲，相比于一般的"丰田模式教科书"，本书能让读者感受到截然不同的意趣。另一方面，也便于读者更清晰地掌握"培养人才""推进工作"的条理。

希望所有考虑导入丰田生产方式及丰田式改善的读者都能"先尝试去做"，时刻谨记"以轻松愉悦的心态迅速付诸行动"。

在这个急剧变化的时代，停滞不前便是江河日下的代名词。无论是企业还是个人，在一成不变的日常状态下，都无法保持竞争力。

变化是理所当然的，已然不足为奇。对于任何细微的发现、些许的阻滞、极小的不便，均不可视而不见，而应作为推进改善活动的线索予以重视，牢牢把握。

各位读者若能通过本书掌握改善的具体步骤，并将改善的精神根植于内心，笔者将不胜荣幸。

若松义人

协作编辑：桑原晃弥、吉田宏

目录 Contents

第2章　将竞争力提升至"非同一般的水准"
——品质、交期、成本的改善

第3章　有效发挥"自上而下"的作用
——管理者与高层的职责

第4章　突破成长的瓶颈与天花板
——间接部门的改善

第5章　完成"培育""成长"的最强循环
——培养人才的改善

序　章

丰田式改善究竟是怎样的成功之道

——改善与丰田生产方式

◎ 特点是"自动化"与"可视化"

现在，"改善"一词已经以"KAIZEN①"的形式风靡全世界。改善的理念让丰田从一家"三河地区的汽车公司"成长为世界一流的优秀大企业，促使广大制造业、非制造业的企业竞争力得到飞跃性的提升。从教育培训现场到日本邮政公社，改善均得到了广泛应用。在丰田的海外工厂，甚至还能见到外国人向外国人讲授 KAIZEN 的场景。

要实行丰田式改善，首先必须了解"丰田生产方式"。

一言以蔽之，丰田生产方式是指：

①以人的智慧为基础

②将"自动化"

---

① "KAIZEN"为"改善"一词日文发音的罗马字母拼写。

③ "准时化（Just In Time）"

两大支柱贯穿始终的理论体系。

第②点的"自动化①"区别于"机械自动化"，通常被称为"人性自动化"，源自丰田集团的创始人丰田佐吉。

佐吉发明的自动织布机产生了划时代的意义。由于安装了自动停止装置，当经纱或纬纱出现断裂、用完等情况时，机器便立即停止运转。这种机制杜绝了不良品的产生，制造业的烦恼根源因此得以消除。

作为丰田生产方式的缔造者，丰田汽车公司副社长大野耐一将其从机械层面拓展至生产线。当出现异常状况时，生产线作业员要根据自身的判断，让生产线立即停止。并且，彻底查明隐藏在表面现象背后的"真正原因"。

- 问题产生。

- 不盲目采取应急措施强制运转，而是立即让机器或生产线停下来。

- 停止运转后让大家都能"看见"问题（可视化）。

- 反复询问 5 次 "为什么"，齐心协力查明问题的真正

---

① 日文写作"自働化"，早期译为"带人字旁的自动化"，或直接套用日文原词"自働化"。为贴近中文的表达习惯，便于读者理解，本书统一译作"人性自动化"。

原因。

●针对原因加以改善，防止同样的问题再次发生。

正是这种精神，筑成了丰田改善文化的根基。

大野耐一在机器或生产线上增设了多种自动感知异常情况、让问题可视化的机制或装置。这不是简单的"机械自动化"，而应称之为"人性自动化"。

人性自动化旨在将人的智慧赋予机器，从而杜绝不良品的产生，打造更具竞争力的生产现场。

与此同时，这种自动化还将员工从"看守机器"的角色中解放出来。人性自动化的实行，意味着只要机器没有停下来，就是在正常运转，不需要员工从头到尾只守着一台机器，使一人看管多台机器、从事多种作业的多能工培养成为可能。人性自动化不仅极大地提高了生产效率，还能激发员工"充分运用智慧开展工作"。

◎ 准时化的三大支柱

第③点的"准时化"，其基本理念是"将需要的零部件，在需要的时刻，按需要的数量"不多不少地向生产现场供应，杜绝不均衡、不合理、浪费等情况。"准时化"由丰田汽车公司的缔造者、丰田佐吉的长子丰田喜一郎提出。

传统的大批量生产方式，能以低廉的价格进行大量生产。但存在一个很大的缺陷，即容易导致库存或半成品（制造中、尚未完成的半制品）大量积压，造成更多的浪费。准时化要求在需要的时刻，将所需的零部件，以恰到好处的数量提供给生产现场的流水线，属于不提供且不生产多余零部件的小批量生产。

准时化主要通过以下三种方法来实现。

【后道工序领取法】

传统的组装方式通常由前道工序向后道工序供应零部件，后道工序领取法则将其逆转。由后道工序在需要的时刻，按照需要的数量向前道工序领取所需的零部件，前道工序只按后道工序领取的数量进行生产。

【根据需求量决定生产节拍】

"生产节拍时间（Takt Time）"是指制造一件产品需要几分几秒的精确时长，根据所需数量反过来计算生产节拍。

【工序的流水化】

以此消除生产线上的产品停滞现象。

为达成上述目标，就要用到"看板"来传达生产或搬运指令。

二战前，喜一郎原本计划在新建成的举母工厂①对这一构想加以实践，并制作了多达数百页的文件资料，尝试让员工们贯彻执行。但遗憾的是，计划因第二次世界大战的爆发而被迫中断。

继承准时化构想并使之重生的人正是大野耐一。战后不久，喜一郎喊出了"用三年时间赶上美国"的豪言壮语。受其鼓舞，大野耐一决心不断消除"日本人生产过程中的大量浪费"，奋力追赶拥有庞大且先进的汽车制造产业的美国。

◎ 改善也是自我实现

如上所述，丰田生产方式虽然具有"自动化"和"准时化"两大思想支撑，但更为重要的，其实是第①点"以人的智慧为基础"。

丰田生产方式不仅仅是一种制造产品的手段或方法。它要求在现场工作的人们自觉发现问题，积极发挥自己的才智，

---

①　现在的丰田市总公司工厂，1938 年建成投产。

主动进行改善。不只是一味地等待上级的指示或命令，让现场的每一个人都能进步成长，这是丰田生产方式的一大特点。

改善原本是由丰田汽车公司的最高顾问、被称为"工厂奇才"的丰田英二提出的。

昭和 20 年代①中期，英二前往美国留学，在福特汽车公司进行了为期三个月的研修，从福特工厂的"Suggestion System（提案制度）"中得到了启发。英二将其带回了日本，创设了"创意功夫提案制度"，并持续实行了五十多年。他说："既然丰田的资金吃紧，我们就在不需要花钱、运用智慧就能做到的事情上下功夫。"

一项制度能坚持"五十多年"着实非同凡响。"一家公司的寿命不过三十年"的说法曾盛行一时，虽然无论企业还是制度都终将走向消亡，但这项制度竟然存续且发展了半个世纪以上，并演变为世界通用语，这确实是一大奇迹。

究其长盛不衰的原因，丰田汽车公司名誉会长丰田章一郎曾谈道：

"一项公司制度若能持续发展半个世纪之久，就不能简单地以'对公司有用'来解释其原因。在我看来，真正的原因

---

① 指 1945 年至 1954 年。

准时化与自动化

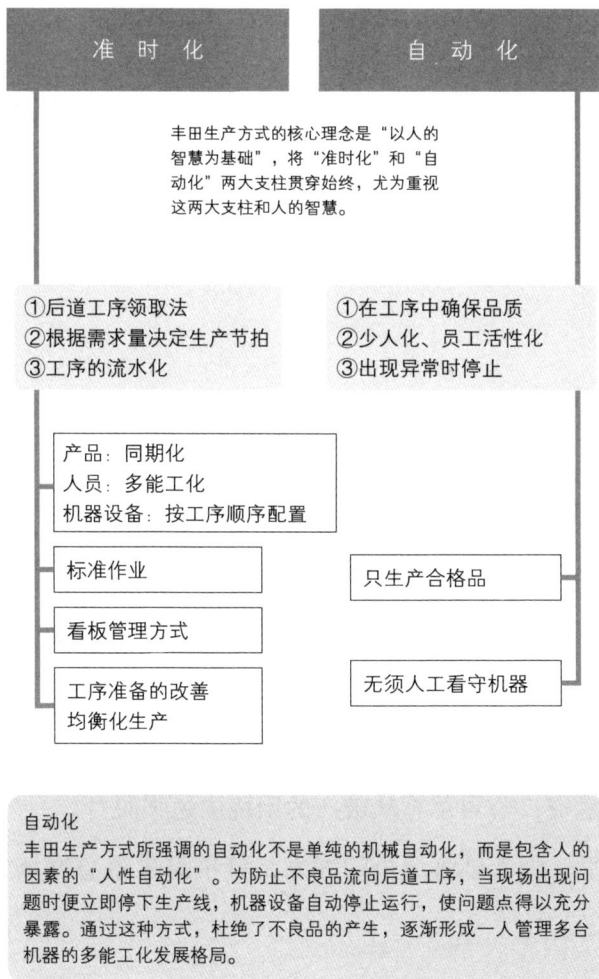

准 时 化	自 动 化

丰田生产方式的核心理念是"以人的智慧为基础"，将"准时化"和"自动化"两大支柱贯穿始终，尤为重视这两大支柱和人的智慧。

①后道工序领取法
②根据需求量决定生产节拍
③工序的流水化

①在工序中确保品质
②少人化、员工活性化
③出现异常时停止

产品：同期化
人员：多能工化
机器设备：按工序顺序配置

标准作业

看板管理方式

工序准备的改善
均衡化生产

只生产合格品

无须人工看守机器

自动化

丰田生产方式所强调的自动化不是单纯的机械自动化，而是包含人的因素的"人性自动化"。为防止不良品流向后道工序，当现场出现问题时便立即停下生产线，机器设备自动停止运行，使问题点得以充分暴露。通过这种方式，杜绝了不良品的产生，逐渐形成一人管理多台机器的多能工化发展格局。

在于这项制度从根本上满足了人们实现自我价值或团队合作等高层次的需求。"

正如他所言，无论是丰田生产方式，还是丰田式改善，基本理念都一脉相承的，即相信人的智慧，特别是现场员工的智慧。让现场的人们自主发现问题，敲定解决方案并将其付诸实践。这满足了人的高层次需求，工作因此更有成效，人也将不断成长。

◎ 补足短板

当时，丰田之所以大力推行改善，其实还有其他原因。从丰田英二"因资金匮乏而依靠智慧"的感慨中亦可得知，过去的丰田曾一度陷入捉襟见肘、缺东少西的窘境。

昭和二十五年①，丰田面临破产的危机。为了生存，公司解雇了大量员工，社长丰田喜一郎因此引咎辞职。依靠银行的紧急融资，公司总算从破产的困境中勉强脱身。

之后，随着朝鲜战争的爆发，订单需求量急剧增加（朝

---

① 1950 年。

鲜特需①），让丰田得以起死回生，但资金状况在很长一段时期内依然十分严峻。为此，在其他汽车企业纷纷投入资金增加人手，强化设备配置时，丰田并没有选择新增人手，而是充分发挥智慧，绞尽脑汁地思考对策，用陈旧的机器设备，想方设法地满足"朝鲜特需"的采购需求。这正是丰田式改善的起点。

回顾当时的情景，大野耐一说了这样一番话。

"昭和二十五年，公司在年初重建之时，裁减了 2000 名员工，月产量从 1000 台缩减至 820 台。而自同年 6 月朝鲜战争爆发以来，公司决定立即恢复施行增产体制，但要求在维持现有人员数量不变的前提下开展。以少量人员实现大量增产，是丰田的实力得以大幅度提升的重要原因。"

对于源源不断的新订单，公司只靠现有的少量员工来应对。不过，劳动强度并没有因此增加。而是集中智慧，通过各式各样的创意提案来渡过难关。这是丰田式改善的原点。

倘若当时的丰田在资金方面留有余裕，改善恐怕会走向截然不同的道路。甚至可以说，困境成就了今天的丰田生产

---

①　朝鲜战争期间，美国因战争需要，在日本进行了大量的军事订货和劳务购买，这一突发的贸易需求被称为"特需"。

方式。这也算是因祸得福吧。

另外，还有一个词与"改善"看似词义相近，即"改良"，不过按照丰田的理解，二者其实大相径庭。

• 改良是指投入资金使原有情况变好。

• 改善则是利用智慧使原有情况变好。

"改善"并没有被翻译成英文，而是直接以日语罗马字"KAIZEN"的形式发展为世界通用词，充分体现了"运用智慧而非金钱来实现优化的丰田式改善"的特殊性。这或许是因为英文中很难找到完全对应的表达吧。

总之，"改善＝人的智慧"，支撑起丰田生产方式的也是人的智慧，这一点想必大家从"改善"诞生的背景中也能理解。

◎ 凝聚智慧的体系

可见，立足于人的智慧是丰田生产方式的优势所在，是丰田强大的力量源泉，但同时也是造成大多数企业难以导入丰田生产方式的重要原因。

丰田生产方式包括"看板管理""安灯系统（Andon）"

等多种手段和方法。但其实际应用与发展，必须依靠各个公司的员工才能实现。就算对照着介绍丰田生产方式的操作手册，采取一定的手段或方法，也未必能获得成功。脱离了现场工作人员的智慧，丰田生产方式就绝不可能扎根。

- 拼命挖掘智慧。
- 通过工作培养人才。
- 用成熟人才培养新的人才。
- 产生新的智慧，出现新的改善。

企业必须创造这种良性循环，从而不断提高自身的制造或服务水平。

因此，大野耐一才时常发出这样的感慨。

"丰田生产方式仍在不断完善中，每天都在向前迈出新的步伐。"

"支撑丰田生产方式的是全体员工提出的数量庞大的改善提案。"

从平成十八年①开始投产的中国广州丰田工厂的情况来看，丰田生产方式切实得到了实践。不仅仅是丰田集团，这里还凝聚了践行丰田生产方式的企业所积累的大量智慧结晶。

---

① 2006年。

再加上企业独有的智慧，这里与迄今为止的其他任何一家丰田工厂的机制都截然不同。

在此要特别提醒各位经营者和管理监督者，在通过本书学习掌握基本内容的同时，要相信自己和员工的智慧，努力将员工培养成"运用智慧工作"的人才。成长起来的员工进一步竭智尽力，打造企业独一无二的产品或服务，最终形成自身的竞争力。

机器只有一种解答，人却有无限可能，面对问题我们能找到许多种答案。这个重要的基本原理虽然看似理所当然，但希望大家都能牢牢印刻于脑海之中。

第 1 章

——

"原来还有这一手!"
消除浪费出奇招

——认识浪费与 5S

1 | 掌握改善的步骤

◎ 理解"动作"与"工作"之间的差异

在推进改善时，我们必须对"什么是浪费"有一个清晰明确的认识。

浪费是指无法提升附加价值的各类现象或结果。针对生产现场，浪费可以解释为"只增加成本的诸多生产要素"。

仔细观察生产现场，不难发现动作其实分为"作业"和"浪费"两种。并且，作业还能进一步分为"实质性作业"和"附带作业"。

【浪费】

对作业毫无用处，只会导致成本增加的动作。浪费必须立即消除，改善首先要从消除浪费开始。

【附带作业】

不产生附加价值的作业。附带作业原本也属于浪费的范畴，但在现有的作业条件下大多无法省去。例如换模（因生产品目变更而改变机器设置）、取零件、拆解零件包装等必不可少的作业。要省去这些作业，必须对作业条件加以改善。

【实质性作业】

提高附加价值的作业。改善的关键点在于如何提高实质性作业在整体作业中所占的比例。

大野耐一时常强调"要把动作变成工作"，作业者本人或许认为自己正努力忙于工作，但除了实质性作业之外，其余不过是"动作"而已，不能称之为"工作"。"工作"必须有效推进工序，完成任务。减少浪费或附带作业，实际上就是将动作转化为工作的过程。

那么，怎样才能发现浪费，提高实质性作业的比例呢？

要达成这一目标，我们必须将需要改善的作业按照最小的"要素作业"进行细化分解，例如"安装零件""按下按钮""搬运成品"等，并逐一分析探讨。通过探讨"这项作业是否确实需要""这种做法能否进一步简化""为何采取这种方式"等问题，找出不均衡、不合理以及浪费之处。

尤其是对管理监督者而言，丰田生产方式要求他们必须具备"发现浪费的眼光"。不过，发现浪费并不只是管理监督者的职责。重要的是,参与作业的每一个人都要思考"为什么要采取这么吃力的做法""这种姿势太辛苦了""应该有更省力的方式"等,并立即提出改善建议。

在不断发现问题、积累提案的过程中,改善得以持续推进,浪费也随之一点点减少。不过,浪费虽然看似已经解决,但由于作业方式或机器的使用方法发生了改变,可能又会产生新的浪费,因此才有"消除浪费是一生的工作"的说法。

◎ 生产现场的八种浪费

生产现场的浪费大致可以分为八种。当然,浪费不只存在于生产现场,任何地方都有可能出现浪费。间接部门的浪费将在其他章节进行阐述。对于自己所处的工作现场究竟存在哪些浪费,大家不妨展开思考。

①不良品、返修品的浪费

因制造不良品或返修品,降低产品品质,导致成本增加而造成的浪费。

有的企业甚至将产品的返修视为工作中的一环。然而,"合格率 100%"是产品制造的基本,倘若一直抱着"多多

工作与浪费

在完成生产活动中的各项工作时，若仔细观察作业的具体动作，可以分为以下3个层级。

①工作（动作）=作业+浪费

②作业=实质性作业+附带作业

③实质性作业=真正产生价值的作业（Vw）+浪费

浪费：看不见的浪费、体系的浪费等

※Vw通常占整体动作的2%～5%

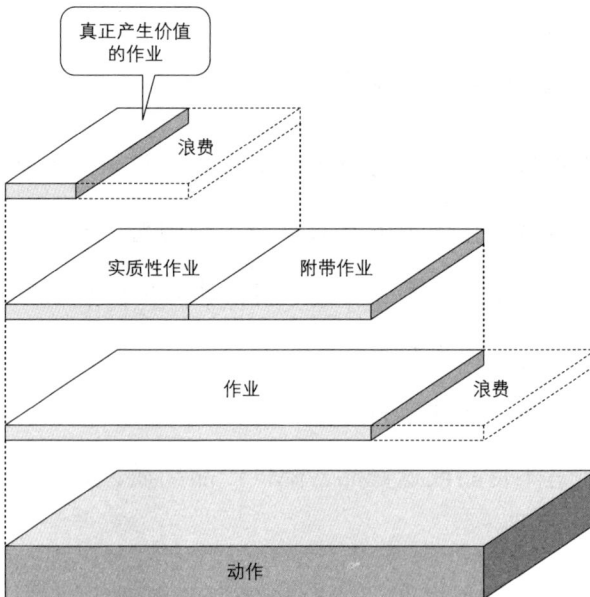

少少会有一些不良品""返修就行了"的心态，不良品或返修品将永远无法杜绝。必须认识到返修并非"工作"，而是一种"浪费"。

②过量生产的浪费

这是丰田生产方式中最需要警惕的浪费之一。

过量生产不仅需要提前取用原材料，还会额外耗费更多的能源或人工成本，导致用于保管产品的仓库或人工等费用增加，产生新的浪费。"在需要的时刻，以需要的数量，生产需要的产品"，也就是说，严格按照"需求量"进行生产乃是重中之重。

③加工本身的浪费

具体是指与工序的推进或加工的精密度毫无关联，因不必要的加工而造成的浪费。

需要注意的是，认为"按照过去的习惯去做就是最好的"而导致浪费的情况极为常见。通过探索优化工作方法、经常性审视作业内容、工序的合理化设计等方式，浪费的情况能够得到有效改善。

④搬运的浪费

除去准时化生产所必需的搬运，其他搬运行为均属于浪费。具体包括：不必要的搬运、装卸、转运、远距离搬运等。

除了搬运产品，搬运的过程还能传递出各类信息，需要认真分析探讨。

⑤库存的浪费

由于各道工序的半成品超出需求量，或供应商提供的零部件过多，计划式生产造成产品制造过多等原因所导致的浪费。库存的浪费会将其他的浪费现象隐藏其中。许多问题只有当库存减少到极致，在带有紧张感工作的状态下才能发现。

⑥动作的浪费

作业中不产生附加价值的人或机器设备的动作均属于浪费。

⑦待工的浪费

这种浪费是指通过机器设备移动输送进行产品加工时，操作人员站在一旁看着机器运作，或在机器加工的过程中无法着手开展工作的状态。它属于因被迫暂停作业待工所造成的浪费。

⑧生产废弃物的浪费

具体是指处理原材料、包装材料、一次性容器等废弃物造成的浪费。

◎ 反复询问 "为什么"

上述八个项目都是看得见的浪费。如果对这些浪费视而不见，既不能降低成本，也无法取得显著的工作成效。针对浪费，希望大家习惯性地询问自己"为什么"，并深入探究问题的答案。

例如，若询问自己"为什么会出现过量生产的浪费"，首先便可得出"因为缺乏抑制过量生产的机制"这一答案。

若围绕答案进一步询问"为什么没有抑制过量生产的机制"，就能得到第二个答案："导入可视化管理机制即可解决。"

继续询问自己"为何没有导入可视化管理机制"，就产生了"因为不知道看板管理方式"的联想。

关键在于不能将浪费视为"无可奈何"而置之不理。不断追问自己"为什么"，逐步深入寻找答案。只有这样才能彻底探明浪费的本质，从真正意义上提出切实有效的改善措施。

不过，即使改善意识有所提高，能在一定程度上展开自问自答，但若不能全面把握"改善的步骤"，恐怕也很难顺利推进。

◎ 改善的步骤Ⅰ——四点探讨

改善共分为 7 个步骤。第①至第④属于探讨类步骤。

①发现需要改善的问题点

找出"需要改善的问题点有哪些"。既有显而易见之处，也有许多难以发现的问题点。明确问题所在，准确抓住浪费的踪迹，需要改善的问题点便一目了然。为此，决不能满足于现有的做法，保持不断追寻"有更好的办法""能进一步降低制造成本"的姿态尤为重要。

②分析现有的方法

找到需要改善的问题点之后，必须"客观准确地把握现状"。凭借主观臆测难以做出准确的判断，无法正确地展开分析，达不到良好的改善效果。

大野耐一曾以现场平面为圆，让年轻员工置身于圆心，进行长达数小时的观察思考。这么做的目的在于让员工们领会"回归白纸状态，认真观察现场"的重要性。

③提出构想

这一阶段需要针对现状找出新的方法。重点是在不受任何制约、判断影响的情况下，自由地提出构想。这一阶段要做的是大胆创新,而非制订改善方案。

面对部下提出的构想或创意,用"根本不可能实现""万一失败了该怎么办"等冷言冷语打击部下积极性的上司大有人在。一旦设定了此类限制条件,就无法获得优秀的提案。要在自由发散的环境中激发创意。

④制订改善方案

将大量无限制条件的创意提炼为具体的改善方案。从实现的可能性、标准或规定、成本、成本实效等多个方面展开探讨,从而确定最高效、最具可行性的改善方案。

达到目的的手段或方法是多种多样的。例如,为降低某道工序的成本,减少人员投入,通过实施"导入新设备"的改善方案达成了目标。然而,事后研究发现,只要"改变作业方式",也能达到同样的效果,那么最初的改善方案就是失败的。面对众多的创意提案,必须从多个角度反复进行探讨,从中选取最优方案。

◎ 改善的步骤Ⅱ——三种执行

改善的7个步骤中,后半部分的第⑤至第⑦属于执行类步骤。

⑤实施改善方案

在执行方案的过程中，要与上司、部下、前后工序负责人等相关人员通力协作，共同努力。若缺乏这一前提，贸然开始实施，煞费苦心开展的改善活动将会导致浪费的产生，甚至有可能引发混乱。特别是对因改善而改变作业方法的现场工作人员，必须充分说明改善的理由和目的，并使其信服。

为此，平时就要努力营造出易于接受变革的氛围。"这种做法我已经坚持了十多年"不能成为自我吹嘘的资本，而是要培养"正因为如此，才想去改变"的内部文化。为了顾客而接受改变或主动做出改变是理所当然的，在这种氛围的熏陶下，员工对于改善的抵触情绪能得到有效缓解。

⑥确认实施效果

改善方案实施后，一定要确认方案的推进情况，发现不完善之处需立即采取应对措施。例如在进行作业改善时，要改变长久以来的习惯性做法，员工们一开始难免会感到不知所措，效率也会降低。这些问题能否在员工熟悉之后得到有效解决，还是新的工作方式本就存在问题，对此我们必须彻底查明，发现任何细微的问题，都要再次加以改善。

不能"遇到问题就恢复原状",而应坚持"发现问题就继续改善",通过持续不断的改善达到更优状态。并且,针对改善后形成的"全新现状",要进一步发现新的改善点,逐步深入推进。改善的要诀,在于"改善之后再改善,持续不断地改善"。

⑦全员共享改善成果

通过实行改善达到预期目标后,要让全体成员共享改善的成果。全员共同付出努力,全员共享成就感,这将成为推进工作的一大动力。

◎ 激发提案的技巧

改善活动虽然是智慧的结晶,但对现实中疲于应付日常工作的人们而言,要在工作之余"贡献智慧",恐怕并非易事。

有的企业通过发放"成效金额数个百分点"的高额奖励金,或确定"提案月"等方式激发员工的积极性,这虽然能在短期内增加提案的数量,但均非长久之计。为激励员工广泛发现问题,汇集大量的改善提案,需要运用一些技巧。

【采取团队协作】

比起个人的能力，团队集体思考后更容易拿出提案。

丰田最初也选择采取个人提案的形式，但在当时，既有积极提出创意提案的员工，也出现了几乎不提供任何建议的员工。之后，丰田通过 TQC（全面品质管理）等方式，采取团队形式促进活动的开展，提案也随之由个人转变为团队集体提供，提案的内容也逐渐变得越来越充实。

【积累细微的发现】

个人在构思创意时，往往容易剑走偏锋，从大的方面着手，倾向于琢磨稀奇古怪的内容。这样提出的方案大多乏善可陈，也鲜少能派上实际用场。

团队合作时，将注意力集中在日常业务中偶然察觉的细微之处即可，例如感觉"棘手"、"吃力"、"不好用"或"不经意间的微小创意"等。每一次的发现或许微不足道，但经过梳理归纳，通常能产生有效的改善提案。

某企业曾以此开展"三人齐聚堪比文殊之智大作战"，加大改善提案的征集力度。

- 首先要有"发现问题的人"。

- 其次要有针对问题思考"应该如何解决"，进而"提供创意的人"。

● 最后要有"将创意提炼成形的人"。

最终形成一件完整的改善提案。

若对工作中发现的感觉"棘手""吃力"等问题放任不管,可能会引起员工的不满,但若将其纳入改善方案,就能像这家企业的口号所宣扬的一样,朝着"有发现才有学习,有学习才有成长,有成长才有幸福"的方向发展。

◎ 关于褒奖制度

"提供展示的舞台。"

当说到某家公司每个月都能收集数百件,甚至数千件改善提案的事例时,有人表示好奇:"那么这家公司支付了多少奖励金呢?"其实,改善活动开展得越活跃的企业,设立的奖励金反而越少。一件提案的奖励金额通常为 300 日元或 500 日元,最高奖的金额也不过 1 万日元左右。并且奖励金通常发放给整个团队,因此每个人能获得的金额寥寥无几。事实上,多数企业选择用其他形式代替奖金来鼓励员工。

这里的其他形式具体指的是"褒奖制度"。

对于自己的所思所为，人们往往有一种希望获得大家认可的强烈心理需求。因此，最大的奖赏便是来自上司的认可，肯定并赞赏自己的改善提案。

改善的成效通过翻阅文件资料是无法完全掌握的。最好亲自前往现场，从实际执行改善的人们口中了解全貌。对于他们而言，这也是一种振奋人心的鼓舞。

以某企业为例，每个月会从付诸实施的改善提案中评选出最高奖及其他各类奖项。届时，将担任评委的高层领导或负责人请到现场，倾听员工们的讲述，并据此选定各个奖项的得主。

对于讲述者而言，这也是一个展示自己的舞台。让员工置身于舞台中央，对优秀的提案予以表扬，对尚有不足的提案则鼓励员工"再加把劲"，并提供改进的思路。通过这种方式持续评选出优秀的改善提案，并在工厂内张贴。设置"改善展示栏"，郑重地公开展出提案者的照片、姓名、改善实施前后的状态对比图片等信息。

大多数实行丰田生产方式的企业已实行工厂的展厅化，所以此类宣传布告自然会吸引来访者的目光。这也可以算作展示舞台之一。

提案活动好评海报

入选奖

改善课题
防静电垃圾袋
(UP生产部F/LCTM生产线)

提案者(问题、发现)	创意提出者	作业者
○山○子 兼职	○田○夫 兼职	○川○枝 合同工

【改善前(问题点)】

将零件的包装纸扔进垃圾袋时,由于纸张和垃圾袋之间产生了静电,无法将垃圾顺利扔进桶内,而是散落在四周,从而造成了很大的困扰……

静电

【改善后】

使用防静电效果的塑料袋作为垃圾袋,确保散落的包装纸(垃圾)都能扔进袋内。废弃纸张更易于处理,作业更加便捷。

有防静电效果的塑料袋

实物照片

【效果】

· 不再受静电的影响,作业更加顺利。
· 作业时间减少。

1350日元/小时÷3600秒×0.5秒/台×24490台/月=4592日元/月

(改善收益金额 4592日元/月)

◎ 争取全员参与

有效推进改善活动的另一个关键点在于，尽可能让更多的人参与其中。有的企业仅以干部为中心，或仅以正式员工为对象来开展改善活动，而事实上，更明智的做法是让劳务派遣工、小时工、兼职员工都积极提出改善方案。现场改善同样要以所有的工作岗位为对象。

丰田汽车公司社长渡边捷昭的职业生涯起点是人事部供餐管理员，负责工厂或员工宿舍的食堂管理。刚开始似乎无事可忙，但在多次前往现场，仔细观察人们的动作之后，他注意到了大量的浪费，于是针对这些问题形成了改善提案，并加以实施。例如，相比于用便当盒盛米饭，让大家从电饭煲内自行舀取的做法更有效率。对于食堂的餐券，也设计了更加高效的形式。另外，针对饭菜的烹饪量，以员工的实际食用量为依据，计算出合理的"饮食率"，从而加以改善。这些举措引起了 QC（品质管理）负责人的关注，由此开展了改善活动。

只要用心工作就能发现许多问题。倘若带着"反正说了也无济于事，自己忍一忍算了"的情绪前去上班，那么工作将给自己造成很大的心理压力。

早上一来到公司，就开始频繁看表，心想"怎么还不到五点呢"，工作自然也毫无乐趣可言。要时刻牢记"发现问题是改善的契机"。如此一来，公司将不再是"不情不愿前去工作"的场所，而转变为"发挥智慧"的平台。

2 | "找东西""移动""搬运"等代表性的浪费的改善

◎ "丰田没有一个人浪费时间找东西"

工作正忙时，却找不到资料，"前不久明明看到了，到底放到哪里去了"，四处寻找却依然不见踪影，忍不住抱怨："这下麻烦了，怎么会找不到呢?"不知大家是否有过类似的经历。

在工作中，"找东西"所耗费的时间其实多得出乎意料。对于大多数人而言，找东西俨然已成为工作的一部分。将"找东西"视为"浪费"的人却寥寥无几。

事实上，找东西并不属于工作的范畴，只是单纯的浪费而已。

某家企业的经营者在参观了丰田的工厂之后，惊叹道："丰田没有一个人浪费时间找东西。"回到自己的企业一看，工厂外面零件堆积如山，"那个零件放在哪里"的声音此起彼伏。员工们忙着找东西、搬东西，清理零件上的污垢。需要的物品若齐备倒也无妨，最头疼的是库存虽然很多，一旦去取需要用到的零件时，却频繁出现"需要的东西不见踪影，不需要的东西比比皆是"的情况。

过去一直认为"找东西也是工作的一部分"，但参观了丰田的工厂之后，这位经营者的想法发生了极大的改变。"要消除浪费，首先必须营造一个不需要找东西的工作环境"，这一想法成为企业改革的起点。

①对于每一个零部件

②任何人都知道零部件类型、放置地点和数量

③达到任何人都能立即取得物品的状态

若实现了这一目标，就能轻而易举地按照生产指示书准备所需的零部件，在需要的时刻向生产线供应。①至③中的某个环节若有缺失，就很难找到所需的物品，甚至要靠"找东西专家"的帮助。

要让新人也能迅速胜任现场的工作。达到"将需要的零件，在需要的时刻，按照需要的数量供应"的状态，确保新员工也能掌握，这一点尤为重要。

◎ 整列不属于 5S

为此，"5S"的彻底执行，可谓是一切的基本。

5S[①]指的是整理、整顿、清扫、清洁、素养。近来，以服务行业为首，越来越多的企业将"抢先（SAKIDORI）""SMILE（微笑）"等带有"S"字母的词语也纳入其中，形成了"W5S""10S"等新的理念。在改善活动的推进上，这些创意非常可贵。

就丰田生产方式而言，除了"素养"之外，其他"4S"都是企业重点强调的对象。本节将对 4S 的实施方法展开详细阐述。

关于"整理与整顿"这两大要素，大野耐一曾说过这样的话：

"处理掉不需要的东西即为整理，需要的东西可以随用随取则为整顿。将需要的东西摆放整齐只能称之为整列，生产现场的管理必须做好整理整顿。"

虽然看似简单，但实际执行起来极为困难。事实上，不少

---

① 整理（SEIRI）、整顿（SEITON）、清扫（SEISO）、清洁（SEIKETSU）、素养（SHITSUKE）五个项目的日文罗马音拼写均以"S"开头，因此简称"5S"。

企业反复宣称自己"完成了整理整顿",表面上看起来虽然整齐有序,但真正需要某件物品时,却吵嚷着"这个东西在哪里,那个东西找不到",耗费大量时间和精力才能找到的情景屡见不鲜。整理整顿不是表面功夫,要让所有员工都能迅速弄清楚物品的位置、数量等信息,确保任何人都能及时取得所需的物品,达到彻底消除"寻找""移动""搬运"等浪费的状态。

◎ **推进整理的标签作战**

以"4S"为目标的改善,在大多数情况下,会从"标签作战"开始迈出第一步。

标签作战是指给不需要的物品贴上标签,确保任何人对不需要的物品都能一目了然的整理方法。具体实施步骤如下:

①**标签作战实施项目的启动**

项目成员由制造、材料、管理等部门的负责人组成。无论是制造业还是非制造业,都应尽量从更多的部门中召集成员。

实施期限设置为一个月左右。

②**确定对象**

确定整理的对象。

- 直接部门的库存——原材料、零件、半成品、产品等。

- 直接部门的设备——机器、治具工具、台车、托盘、作业台、椅子、桌子、架子等。

- 间接部门的机器——电脑、传真机、打印机、复印机等。

- 间接部门的备品——陈列柜、文件柜、图书、杂志类等。

③确定标准

明确有用物品和无用物品的划分标准，可参照以下示例。

- 过去一个多月未曾使用的物品——划为"无用"类，贴红色标签。

- 过去一个月内使用过的物品——划为"有用"类，不贴标签。

- 未来一个多月不打算使用的物品——划为"无用"类，贴红色标签。

- 未来一个月内计划使用的物品——划为"有用"类，不贴标签。

④粘贴标签

项目成员与现场的管理人员一起巡查工作现场，做出客观判断，粘贴红色标签。现有物品往往很难舍弃。诀窍在于粘贴的时候要"冷眼相待""狠下心来"。对于一时难以决断的物品可贴上"黄色标签"。

⑤**处理不需要的物品**

制作无用物品一览表，留作记录。之后，根据处理原因和物品的状态，确定处理措施。

另外，实施"标签作战"之前，可用相机将当前的工作环境拍下来。与其他改善活动一样，将整理前后的照片进行对比，清晰地展现整理之后发生改变的内容与状态，让精神面貌也随之焕然一新："之前竟然是在这样的环境下工作，必须努力保持，不能重蹈覆辙。"

◎ 高层与现场均不可"任其自然"

在推行 5S 或整理整顿的过程中，需要注意以下几点。

【高层领导必须做出明确的判断】

认为"高层领导无须出言干涉现场的整理整顿"，全权交由现场决断即可，不愿主动参与其中的企业不在少数，但这种想法是错误的。对于金额不高的物品，现场的人员可以立即做出"不需要"的判断，但对于价值不菲的物品，大家的判断力往往会大幅度减弱。即使是明显不需要的物品，只要任何一名负责人提出"万一以后用得着该怎么办"的质疑，大家就会举棋不定，无法为其贴上红色标签。

此时必须由高层领导做出明确的决策。整理未能彻底执行便匆匆结束，最主要的原因在于，内心虽然明白舍弃不必要物品的重要性，但总是以"将来可能会用到""有纪念意义"等为借口而无法下定决心。这样无法达到整理的效果。高层领导虽然没有必要事无巨细地过问，但应意识到"部分5S只有高层才能推动"，尤其是对于高价物品，务必要拿出明确的意见。

【不要完全委托专人】

越来越多的企业选择自己动手对物品进行拆解或分类，而不是完全委托给专人处理。物品一旦丢弃就沦为垃圾，通过自己的拆解、分类，可将不少物品转变为资源。这在保护环境方面也能发挥积极作用，有条件的企业不妨一试。

总而言之，整理若得到彻底执行，无用的物品之多想必令人震惊。过去对空间不够用的感叹将瞬间烟消云散，事务所、工厂、仓库等都将腾出新的空间。

通过整理，排除无用的物品，只保留必需的物品，就能着手开展"整顿"了。

◎ 从整理到整顿的四大要点

"整顿"要达到随时能够取得所需物品的目的。仅将物品摆放整齐的"整列"对工作毫无益处。当提出"需要某个零件"时，要清楚地知道零件的放置场所、具体货架、精准位置，并能立即取出，这是整顿的最低条件。

整顿按以下步骤推进。

①放置场所的确定与整备

对于整理完成的零部件、治具等工具，根据其使用频率等因素，分别决定放置场所。场所确定后，整理放置物品的货架或陈列柜。

不可随便购入市面上销售的商品。库存品要遵循"先进先出"的原则，先放入的物品要先取出使用。购买市面上的商品强行开展整顿的做法不可取，要依靠员工自身的智慧，根据实际工作要求制作货架或陈列架，或对市面上的商品进行改良，确保物品的取放满足"先进先出"的原则。

某家企业的经营者曾说："即使外观欠佳也无妨，方便实用才是最重要的。"哪怕是一个普通的货架，是否凝聚了员工们的智慧，也在很大程度上决定了其作业有效性的强弱。

②**场所标识**

标注物品的放置场所。

准备了多个货架时，要在各个货架上标注名称，例如 A、B、C 等。在此基础上，对货架每一层的空间用 1、2、3 等符号自上而下进行纵向标注。横向空间分隔也用一、二、三等进行标注。

标注完成后，只需在生产指示书上明确指定 "A 货架-1-二"，任何人都能立即取得目标物品。

场所标识不仅限于货架。对于可移动的台车，也要进行编号，确定"几号台车放置在某个位置"。治具工具或办公用品也应如此。

以某个家具制造厂为例：当收到营销部门发来的订单时，工厂明明配齐了制作家具所需的材料和配件，但即使是经验丰富的老员工，也至少要在仓库里耗费两个小时乃至三个小时。由于物品的放置场所不固定，大家见缝插针地随意摆放，导致哪怕资深员工动手，也要花费数个小时才能找全。找东西竟煞有介事地成为一项"专业技能"。然而，通过彻底执行整理与整顿，哪怕是新人也能在短时间之内备齐所有的物品。将原本不应称之为"工作"的内容误判为"工作"的范畴，只会造成浪费的肆意滋长。

③品目标识

货架的场所标识完成之后，就要确定好摆放的物品，并标注清楚。否则好不容易指定了"A 货架–1–二"的内容，结果实际摆放的物品却完全不同，那么再怎么整顿也是徒劳的。

之所以这么说，是因为人们总在有意无意间，将东西随手放在附近或空闲的货架上，并为自己辩解道："回头再整理归位就行了。"而事实上，这一承诺几乎无人兑现。类似的情况若反复出现，物品的放置场所将被完全打乱。

标识必须一目了然，明确"这个位置要放的是这件物品"。可按照物品的种类附上相应的照片，防止混淆。

④数量标识

库存的管理重在日常，否则很快就会大量增加。必须设法让大家迅速获悉货架中物品数量的变动。可事先确定物品的最小库存量与最大库存量，分别用胶带粘好。

半成品仓库与数量的标识

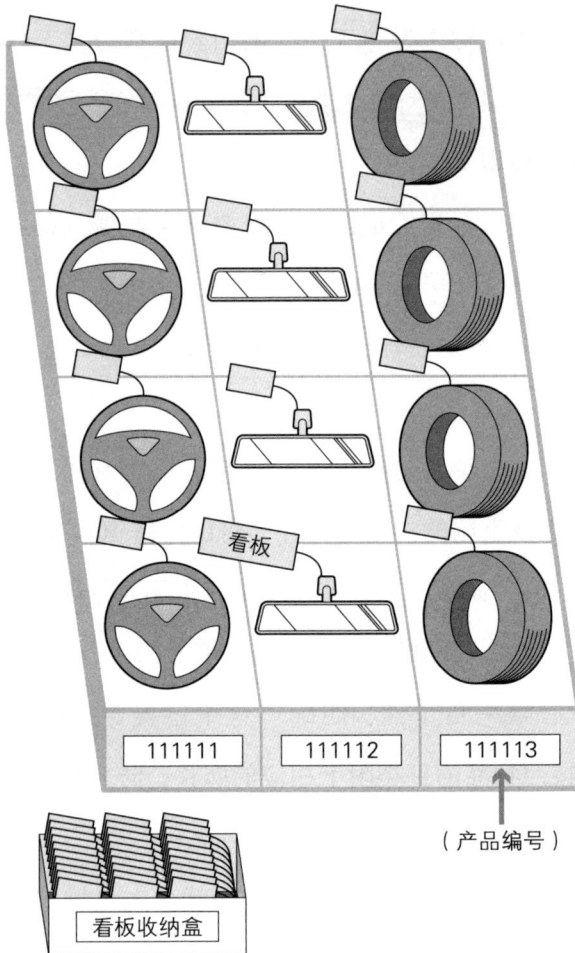

看板

| 111111 | 111112 | 111113 |

（产品编号）

看板收纳盒

以某家企业为例，由于曾经有过库存大量堆积、直逼仓库天花板的痛苦经历，现在不仅是货架，就连仓库的柱子上也用油漆将库存标注得一清二楚。

换言之，对于物品的标识，只传递"某件物品放在某处"的信息是不够的，"物品的数量"也必须一目了然。若实现彻底的整理整顿，就不再需要将时间和精力浪费在找东西上，而是专注于附加价值更高的工作。

◎ 精益求精防止失误

即使将整理整顿贯彻到底，货架上的物品摆放合理有序，也不可就此止步，还要设法再提升一个层次。

某家企业曾经发生过一起因用错黏合剂的种类而导致的事故。一般来说，多数企业只在事后强调"下次要注意""以后要小心"，便不再深究，而这家企业的负责人却亲自来到仓库现场，针对"为什么会发生这样的失误"展开调查。结果发现货架上并排摆放着好几个品种的黏合剂。虽然达到了整理整顿状态，但每种黏合剂的罐子都极为相似，只能依靠罐身上标注的记号进行辨别。"这样恐怕会再次出错。"深感不安的负责人向业务员提出了改善的要求。

业务员按照罐子的种类分别贴上不同的胶带，放大罐身上的文字，采取了多种改善措施，并请求合作企业"尽量让罐身的标记更醒目"。经过一番努力，这家企业再也没有出现过类似的错误。

要防止失误，单纯依靠人的注意力是不行的。必须反复询问五遍"为什么"，找出问题产生的真正原因，并加以改善。要认识到"失误是改善的良机"，在改善的基础上进一步改善，力求达到"想犯错也难"的状态。

整理整顿执行得再彻底，也无法完全杜绝失误。对这些失误逐一进行改善，整理整顿的水平将得到切实提升。

企业的生产力究竟处于怎样的水平，通过仓库就能看出来。一个人的工作水平通过桌面也能大致想象出来。

包括电脑里存储的信息在内，确保想要的东西能够随时取得，任何人都清楚物品的放置场所，这样的整理整顿是推进高效化的第一步。

◎ 点检清扫的方法

一般来说，在无须担忧工作现场安全性的情况下，作业才能不受阻碍地顺利推进。

为此,就必须将 5S 的第三点——"清扫"贯彻到底。地板、墙壁等自不必说,机器设备、治具工具、货架、陈列柜等所有物品都要清扫干净。不过,清扫并不仅仅意味着将表面打磨光滑或涂上新漆。

机器设备的清扫必须是"点检清扫"。

正如大野耐一所说,"机器大多不是自己坏掉的,而是人为损坏的",要将清扫,即点检的观念谨记于心。当发现机器"好像有点不对劲"时,尽早修理才是关键。

参观推行丰田生产方式的企业时,令人们感到震惊的往往不是最先进的机器设备,而是远超折旧年限却依然正常运转的旧设备。有的企业所用的机器设备甚至是从"父亲那一辈传下来的"。重要的是赋予机器设备"人的智慧",充分进行保养,无须过分拘泥于年份或型号。

企业的实力体现在"机器设备能够维持多长时间的运作能力"。爱惜使用老旧的机器设备,就意味着其中凝聚了大量的人的智慧,日常的清扫做得十分到位。

机器的维修养护不可完全交给专业的维修部门。实际使用机器的现场人员也必须积极参与,建立"自己用的机器要靠自己维护"的意识。作为现场的工作人员，应该对机器的"声音或气味不同于往常"等细微的异常更加敏感。不能按部就班地进行清扫，必须逐一确认重点项目，用眼睛观察，用鼻子细嗅，用耳朵倾听，用手感触，不放过任何细微的异样之处。

通过点检清扫发现故障或异常情况时，要立即进行维修。上油等作业员本人能够动手解决的问题可当场处理，此时也要从改善的角度出发，时刻牢记机器设备要"精心修理而非表面修补"。

"发生故障时，若只是单纯地替换零件或采取应急措施，没有找出引发问题的真正原因，故障很快会再次发生。这只是简单的表面修补而非修理。修理指的是排除引发故障的真正原因，防止相同问题再次出现。"

这才是丰田式改善。通过多次的认真修理与现场的精心维护，确保机器处于完好状态，实现机器设备的"保全"管理。

◎ 安全与卫生优先于一切

除了机器设备的保全之外，对于经营食品的相关企业而言,"卫生型清扫"则是重中之重。

前段时间,某家食品企业发生了一起重大事故,遭到"是否真的具备卫生安全意识"的广泛质疑。像这家企业一样,因清扫方面的疏忽而演变成大事故,导致企业品牌价值崩溃的案例并不罕见。

这家企业也并非完全没有开展清扫工作。然而,若缺乏"保护自身工作环境"的意识,没有用心思考,那么清扫将沦为千篇一律的应付式工作,难以发现异常情况。

以某家企业为例,由于经营的是电子产品,工作现场连些许灰尘都不允许出现,因此力求将清扫做到极致。

企业先将地板或墙壁等划分为 A2 大小的若干区域,从领导到负责人再到普通员工,大家集体出动,进行彻底的清扫。将整个工厂打扫得一尘不染,各处都擦得闪闪发亮。之后,每天抽出 15 分钟的工作时间,暂停生产线,让生产现场、间接部门的所有人员都拿着扫帚、拖把、抹布等工具参与清扫。

从生产率的角度来看,将清扫工作交给专业人员,清扫期间维持生产线正常运转的做法显然效率更高。不过,为了让全体员工牢固树立"工作环境要靠自己来维护"的意识,这种清扫方式一直持续了好几年。

"安全"与"卫生"优先于一切。倘若掉以轻心，认为只要花钱就能解决，无疑背离了丰田生产方式"以人为本"的精神。企业要在激发并强化全体员工的安全意识与卫生意识的基础上，将清扫融入日常工作，形成习惯，并持之以恒，促使整洁干净、一尘不染的工作环境最终成为企业文化的一部分。

这才是真正的清扫。

◎ "看得见的5S"与"看不见的5S"

某家企业的一位高层领导平时总把5S挂在嘴边，反复强调，对工作现场的整理整顿、清扫等情况颇为自信。他每天都会在工厂里来回巡检，仔细查看各个角落。

某一天，这位高层领导像往常一样，在工厂里四下查看，内心不禁暗暗自得："看来我们的5S管理已经达到了相当高的水平啊。"而当他在不经意间将目光投向天花板时，却注意到上面结了蜘蛛网，还积了不少灰尘。"奇怪……"，再细看天花板的四角，发现也积累了许多污垢。"难道还有地方没打扫到吗？"再观察机器的内部及下方，果然也布满了灰垢，电线上也挂着絮状尘埃。

于是他把员工叫来询问情况。

"天花板或机器的内部没有打扫吗?"

得到的回答是:

"啊,没有注意到这些地方。"

这家企业一直将清扫作为日常工作的一部分,全体员工都有强烈的"维护工作环境卫生"的意识。尽管如此,清扫活动的开展仍以眼睛看得见的部分为中心,天花板或机器内部等不容易看见的部位则被排除在清扫对象之外。

这家企业立即对所有的卫生死角进行了检查,结果发现脏污程度比想象中的更严重。自此以后,企业的清扫工作做得更加细致,确保看不见的场所也都认真清扫干净。

有了这次经历,这位高层领导发出了这样的感慨:

"平时虽然反复强调要做好 5S,我本人也坚持以身作则,原本以为已经达到了一定的水平,而事实上,我们一直以来所做的仅仅是'看得见的 5S'。5S 分为'看得见的 5S'与'看不见的 5S'两部分。只有当'看不见的 5S'也得以贯彻时,才是真正实现 5S 管理。今后更要严于律己。"

从这个例子可以看出,即使是卫生意识很强的人,面对看不见的尘埃和污垢，也难免会疏忽大意。但是，对于食品等领域的企业而言，若忽视了看不见的场所，必然会导致卫生管理上的缺陷。确保对于看不见的地方也将清扫执行到位，这样的 5S 才能卓有成效。

◎ 清洁要将问题可视化

5S 第四项中的"清洁"指的是维持整理、整顿、清扫的状态。

无论整理出多少不需要的东西，扔掉之后，东西还是会在不知不觉间增加，大家想必都有过类似的经历。整理腾出的空间很快就会被大量的物品占据，着实令人愕然。"差不多该开展标签作战了"，结果经过整整一年的累积，又要再次进行相同的作业。

这样只会造成时间的浪费、物品的浪费、资金的浪费。实行清洁管理，就是为了避免出现此类重复工作。

方法主要有两种。

①在日常工作中保持良好的习惯

感觉不需要的物品增加时，即使只有少许，也要立即整理。不可抱有"以后再整理""到时候一起整理"的心态,要养成"一发现就立即执行"的习惯。当治具工具等摆放方式不当或货架物品的进出顺序混乱时,应立即进行整顿。同时,查明"为何会出现这种情况",对需要改善的地方进行改善。地板脏了的话,立刻用拖把打扫干净。养成"立即执行"的习惯,就能保持清洁的状态。

要让员工形成习惯,"发出指令的人必须亲自动手",这一点务必牢记。看见地上掉落的垃圾,即使是公司的最高层领导,也不能命令其他员工"捡起来,好好整理干净",必须亲手捡起垃圾或擦去脏污。管理人员更应如此。不能让企业的规章制度沦为"一味地严格要求他人,自己却无动于衷"的教条。

②彻底预防

实现零垃圾运作的生产现场,处理或整理物品只需耗费最小限度的劳力。根据需求进行生产,将准时化贯穿始终,就能杜绝库存的浪费。交付零件时,也无须过度包装,使用周转箱(可循环利用的搬运箱)等器材即可,这样既免去了逐一拆解包装的麻烦,也避免了垃圾的产生。

不要认为"垃圾的产生是让人无可奈何的",要思考

"为何会产生垃圾",并设法尽量减少垃圾,建立起将废弃物控制在最小范围内的生产思维。

某家企业为实现工厂零垃圾排放的目标,尝试探索"如何从入口做好垃圾的管理"。

分类或回收等作为垃圾的"出口",其重要性不言而喻,但在此之前,若疏于"入口"的管理,出现零件交付时的包装过剩等问题,便无异于"花钱买垃圾"。因此,比起控制垃圾的"出口",这家企业希望通过推行"入口"的改善来减少垃圾的产生。一开始,该企业与合作企业之间的交涉并不顺利,但在双方共同出谋划策,持续开展改善活动的过程中,合作企业最终认识到消除浪费与高效化之间的紧密联系,垃圾的入口管理得以顺利推行。在哪些环节减少垃圾才能最大限度地消除浪费,实现各方的收益最大化,这是推行改善活动的重大切入点。

对于污垢的处理也是如此。

虽然机器设备在使用过程中难免会产生油污,喷涂工序也会造成油漆的飞溅,但不能将这些污垢的产生视为理所当然的。要反复询问"为什么",探明原因,对机器设备做出适当的调整,改善作业方式,想方设法减少污垢。

某家机械制造厂下定决心，将墙壁与地板的颜色从灰色全部改成了白色。工作服拒绝选择耐脏的颜色，而是刻意采用白色的企业也不在少数。为何要换成让污渍更加醒目的白色呢？究其原因，在于达成污垢等"问题的可视化"，为"在工作中怎样才能避免污垢的产生"提供思考的契机。

如此一来，维持工作现场的清洁也就顺理成章了。

◎ 5S 既已起步，重在坚持

虽然已经开始实行 5S，但不可能在短时间之内达到很高的管理水平。刚开始只需一步步扎实推进整理整顿即可。单凭整理整顿，也能极大地提高工作效率，工作现场也会切实发生改变。

关键在于之后的推进方式。

5S 的起步，在某种程度上需要自上而下的推动。然而，倘若一味地要求员工"一定要这么做""必须那么做"，将无法激发员工的自主改善意识，还会让他们逐渐丧失积极性。

首先可要求员工严格按照规则去执行。当出现员工无法遵守，或进展不顺利等情况时，要认真分析其中的症结所在。

某家企业在全面推行垃圾分类时，始终无法达到预期的效果。于是，除了文字标识之外，该企业还采取了在分类垃圾桶上粘贴实物照片的方式，确保所有的员工都清楚不同垃圾对应的垃圾桶。确实难以判断的垃圾则扔进"？垃圾桶"。接下来，再明确"？垃圾桶"内的垃圾所对应的类别。

反复几次下来，大家自然而然都能顺利地进行分类了。只靠强调"遵守规则"来实现 5S 是非常困难的。当政令不畅、执行不力时，要认真思考问题的堵点所在。此时可借助集体的智慧。全体人员共同出谋划策，集思广益，在持续推进改善的过程中，最初由"公司制订的规则"将在不知不觉间转变为"大家共同确定的规则"。届时大家都会自觉遵守。

整理整顿或 5S 管理仅靠粘贴海报，或由高层领导发号施令要求员工"好好遵守"，是绝不可能实现的。要让员工们真心信服，5S 管理若能贯穿始终，工作将变得更加高效，工作环境将让人感到更加轻松。如此一来，5S 管理的实现也就水到渠成了。另外，充分发挥工作现场凝聚的集体智慧，企业还能朝着 W5S、10S，甚至零垃圾运作等管理模式不断发展。

第 2 章

将竞争力提升至
"非同一般的水准"

——品质、交期、成本的改善

3 │ 改变常规的"品质竞争"思维

◎ 通过改善精益打磨卖点

在推进改善的过程中，我们必须清楚地意识到："改善是提高竞争力的关键。"

与同行业其他公司毫无区别的企业将逐渐丧失竞争力。从何处寻找卖点，需要提炼到何种程度，是企业面临的难题。

卖点可主要集中在以下三点。

"品质"

"交期"

"成本"

"由制造商决定买价的时代已经过去了，现在是由顾客决定买价的时代。如果不具备独一无二的优势，不能清楚地说出'这就是本公司的独特之处'，将无法在制造业立足。"

这是 A 公司经营者曾说过的话。A 公司实施以丰田生产方式为基础的生产改革已有十多年，其"制造力"不亚于任何一家同行业的其他企业。以"制造力"为武器，A 公司的业绩不断地增长。

笔者初次接触 A 公司时，他们采取的还是典型的大批量生产方式。一口气大量生产多个种类的产品，然后全部运往仓库。接到订单时再从仓库中取出交货，不巧遇上被订购的产品的库存不足时，需要 30 天或 40 天才能交货的情况也已司空见惯。有时为了确保产品种类齐全，满足顾客喜好的多样化发展趋势，还需进一步扩大库存。

销售额保持增长时倒也无妨，但若销售额低迷不振，大量的库存将给经营者造成极大的压力。A 公司的社长深知当前的良好业绩不过是赶上了市场的景气时期，对公司今后的发展感到十分忧心。

此时，这位社长正好参加了笔者所就职的企业定期举办的"改善研究会"，借机了解到改变生产方式可实现成本、交期、品质的巨大变革。他认识到"将这种生产方式贯彻到底，一定能拥有不亚于其他任何一家企业的制造力"，因此下定决心，果断导入了丰田生产方式。

自此以后，A 公司持续践行"日日改善，日日实践"的理念，已然今非昔比。现在，A 公司上午接到订单，下午 3 点之前便可完成生产，第二天便能送到顾客手中。其生产方式从过去的大批量，转变为接收订单逐一处理的订单式生产。如今，A 公司经营的商品虽然远超 100 种，但几乎不再持有库存，实现了迅速交货。

A 公司属于一家大型企业旗下的子公司。之所以如此重视供货速度，原因之一在于现实的残酷，即使依附于大企业也未必能求得生存。现在是资本运作的时代，依靠与大企业的关系是无济于事的。只有真正值得信赖的企业才不会被淘汰。对品质、交期、成本精益求精，并具有自身的鲜明特色，也就是说，企业没有卖点是行不通的。只要有明确的卖点，市场需求就会非常大。

这是 A 公司社长的见解。

◎ 杜绝不良品的五个步骤

首先，就品质改善而言，改善的基本观点是"品质要在工序中铸就"。

一件产品由数百个，甚至数千个零部件构成。以汽车为例，零部件数量超过两万个。这些零部件都是经过多道工序制造而成的。一件产品背后，需要庞大的工序支撑。

要确保产品质量得到顾客的认可，仅靠成品的最终检验是远远不够的。另外，若在最终检验环节发现不合格产品，还会造成返工等浪费，导致生产效率降低，成品率不断恶化，从经营的角度来看也十分不利。

据某电机制造厂的前辈所说，计算机分为两种，一种是制造完成后，检验合格，能够顺利出厂的"原始性能良好的计算机"；另一种是在检验过程中发现问题，经过返修后再出厂的"原始性能不佳的计算机"。买到前者的话至少可以放心使用五年，但若运气不好买到后者，大概率会在短时间之内出现故障。遇到这种情况最好尽早放弃修理，做好购买新机器的准备。

在质疑"价格这么贵的产品却不能保障质量"的同时，我们也再次意识到，要获得顾客的信任，必须在检验出问题之前，建立完善的体制机制。

品质管理的基本必须是"通过各道工序（各项作业）确保品质，提供给后道工序的只能是良品"。不是要"发现不良品"，而是要"杜绝不良品的产生"。为此，必须切实按照以下步骤进行。

①严格执行标准作业

②出现不良品或机器设备故障等异常情况时，立即停止生产线

③充分掌握问题，当场查明问题的真正原因

④研究改善对策

⑤严格遵守"不良品不得流入后道工序"的原则

⑥维持成本率，务必杜绝不良产品流入市场

有的企业认为当顾客拿到不良品时，只要向顾客表示"为您更换新品"，采取足够的应对措施即可。然而事实上，不良品原本就应该彻底杜绝。

即使企业宣称"产品不良率仅为 1%"，但对于收到 1%的不良产品的顾客而言，意味着"不良率高达 100%"。希望企业扎扎实实地做好每一个步骤，力求将品质保证打造为自身的卖点。

◎ 品质要在工序中铸就

"在工序中铸就品质"与"靠检验确保品质"恰好形成

两个相反的极端。

后者以品质不良的产生为前提，需要进行全数检验，这将导致以下多种浪费。

- 制造不良品的浪费。
- 返工、返修的浪费。
- 暂停作业，中断生产的浪费。
- 区分不良品与良品的浪费。

此外，一旦出现检验失误，不良品就会流入顾客手中。为了避免出现这种情况，就要努力构建在工序中 100% 保障品质的体制。

因此，决不能有"返工或调整等工序都是产品制造无法避免的流程"的想法。若将这些工序列入正式工序，就会削弱人们对浪费现象的感受，改善也将难以推进。制造不良品、返工等均属于浪费。要将"如何才能把不良品数量降为零"作为改善的目标。

自己的生产线或工序若设有专职检验员，就意味着品质管理做得还不到位。必须竭尽全力实现 100% 的良品率。要用严肃的姿态面对"将不良降为零"的目标。

为在工序中确保品质管理，就要做到以下三点。

①了解产品（零部件）的功能。

②制作 QC 工序表、标准作业书等，针对各道工序要抓住哪些品质管理要点才能满足后道工序的要求，需逐一列明并严格执行。

③积极听取并合理采纳后道工序及顾客的意见。

◎"立即停止生产线"的意义

即使只出现一件不良品或一起故障，也要至少反复询问 5 次"为什么"，直到找出引发问题的真正原因为止。关键是要采取预防措施，避免重蹈覆辙。这里再次强调实施步骤。

①确认现象

②反复询问"为什么"，直到查明真正的原因

③制订对策并坚决实施

④确认实施的结果

⑤发现问题及时改善，修改 QC 工序表、标准作业书等

若急于采取应对措施而无视以上步骤，大多无法切中要害。由于根本问题没有得到解决，同样的问题或许会在短时间之内再次发生，有时还会带来更大的麻烦。因此，即使需要耗费一些时间，也要通过实施以上步骤，切实提高生产线和工序的水平。

要在工序中保障品质，必须绝对遵守一个原则，即一旦出现不良品或故障，就立即停止生产线。

若抱着"以后再修就行了"的想法，继续保持生产线的运作，当下虽然省事，但后来即使说明"在生产过程中其实出现了不良品"，也很难查明原因。"不良品是在哪个环节产生的""是何时产生的""为何会产生不良品"等问题得不到解答，对策的制订也将陷入被动。在"现行犯"的状态下揪出原因才是关键。为做到这一点，防止不良品流入后道工序，务必在发现不良品时，第一时间停止生产线。

大野耐一常说这样一句话："一定要在现场观察。"这也是一种行之有效的方法，能够精准地捕捉到不良品产生的瞬间，明确把握不良品产生的条件，从而制订相应的对策。

停止生产线虽然会造成一定的影响，但能让问题完全暴露出来，在达到"可视化"目的的同时，激发大家的智慧，从困境中想方设法寻找改善措施。

丰田生产方式包括"生产管理板""看板""标准作业票""安灯系统""所在地标识"等多种具体方法，详细内容参考以下图解。

生产管理板

日期	2007年7月3日（周五）1班			所需数量	475个/班
生产线名称	1号装配生产线			生产节拍	60秒
No.	时间	作业时间（分）	标准数量/累计	实际数量/累计	差异	延迟原因	负责人盖章
1	08:00~09:00	60	60/60	55/55	-5/-5	早上开工时间延迟5分钟	
2	09:00~10:00	60	60/120	59/114	-1/-6		
7	15:10~16:00	50	50/415	52/388	2/-27		
8	16:00~17:00	60	60/475	62/450	2/-25		
9	~						

差异栏用红色字体标注

看板

工序间领取看板（装配工序→仓库A）

工厂名称	产品编号	39801-00356	容纳数量
○○○工厂			5件
后道工序	产品名称	折叠桌	前道工序
装配工序	颜色	灰色	喷涂工序
仓库/位置编号		A场地-B-2-③	

喷涂工序（前道工序） → 仓库（A场地） → 装配工序（后道工序）

→ 物品流向　┈┈▶ 信息流向

标准作业票

新·㉖ 2006年7月3日　全 页　第 页

同意	标准作业票	作业内容	从	取外壳	部门	姓名
			到	放置成品	制造部	D的上司

主线

检验工序 6　自动拧紧机 5　脚轮预安装 4

放置成品（R）7

外壳（R）存放处 1　脚轮存放处 2　螺栓、螺母存放处 3

品质检验	安全提醒	标准手持①	标准手持量	T/T	C/T	分解编号
◆	✚	◎	1	60秒	55秒	/

发放数量：第○张/共○张

安灯系统

T/A案例

异常	11	7	6	5	4	3	2	1
缺料呼叫			6		4	3	2	1
% R	17.1	17.1	16	15	14			
V/B L	17.2	17.2	16	15	14		12	

所在地标识

区域标识　列数　位置编号

1	A1-1	A2-1	A3-1	A4-1	A5-1
2	A1-2	A2-2	A3-2	A4-2	A5-2

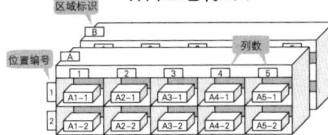

① 标准手持：指按照顺序进行作业时，为了以相同顺序重复进行相同作业，而在工序内持有的最小限度的在制品数量。

◎ 防呆法的条件

尽管作业人员主观上试图按照标准作业的要求来工作，但只要是人，就有可能出于身体状况等原因而疏忽大意，出现工作失误。因此需要建立将人为疏忽降至最低，将损失控制在最小范围内的机制。这便是所谓的"防呆法"，主要包括以下几种类型。

①异常情况示警（警报等）

②不良品无法进入下道工序的防呆设计

这种设计主要通过外部机器的防呆装置来达到目的，具体如下。

- 出现操作失误，机器就无法加工的防呆装置。
- 出现操作失误，零件就无法安装的防呆装置。
- 物品不合适，机器就无法加工的防呆装置。

③通过标识的颜色区分等防止失误的防呆设计

这种设计主要通过人的感官来达到防呆效果。

- 标注不同颜色或识别标志。
- 从空间上隔开相似物品或材料的放置场所。
- 注意事项要直观显眼，一目了然。

- 发出警报。

除此之外，降低噪声，做好通风换气和温度调节，营造良好的工作环境也是防呆法之一。5S 的贯彻同样是有效的防呆手段，这一点不言自明。

要彻底杜绝品质不良现象的发生，就不能只依赖人的经验或注意力。现场的智慧与精心设计是不可或缺的。

◎ "轻松工作" 的两种含义

只要是人，无论积累了多少经验，达到怎样的熟练程度，都无法绝对保证零失误。更何况现在大多数企业依靠的都是劳务派遣工、小时工、短期工等非正式员工，要求他们具备相当的熟练度或极高的注意力是不现实的。

因此，要让"轻松工作"成为企业提升品质的土壤。

这里的"轻松"有两种含义。

①轻便

身体负担更小。例如重物或体力作业原本只有力气大的人才能胜任。通过机器的辅助或采取改善措施，让体力较差或年纪较大的人也能简单地进行作业。经过改善，避免在作业过程中长时间维持吃力的姿势，加重身体的负担。创造安静明快、易于工作的环境是实现"轻便工作"的重要一环。

②容易

任何人都能轻易做到。例如，对于漏装、组装不完整、组装位置不合格等"装配三大问题"，就算制订了标准作业，经过反复训练，甚至再三提醒员工"务必要注意"，有时也难免事与愿违。这是因为员工在作业过程中被迫要进行思考或判断。

举例而言，若零件的摆放杂乱无章，那么作业人员收到零件时就必须格外小心。假设零件左右安装颠倒，就更需要特别注意。

这样仿佛是在"鼓励"大家犯错。为防止出错，从零件运送阶段开始就应按正确的方向排列，便于作业人员拿起来就能顺利安装。并且，在设计阶段就要设法确保零件只能朝着正确的方向安装。如此一来，即使想犯错也难。

在丰田生产方式中，比起连续制作同样的物品，更常见的是"每次制作不同的物品"，根据具体情况逐一制作。然而，若提供的零部件极为相似，迫使员工在作业时必须进行判断或选择，那么情况又会如何呢？即使是极为熟练的行家里手，恐怕也要保持专注，做好自我管理，否则很难保证不出错。

要防止出错，就必须对作业的安排或步骤加以改善，确保所有人都能在零失误的状态下完成作业。

此外，要让零部件的设计更加"轻松"，可以说是一种追溯源头的探索。

追溯源头是非常重要的。在推进自动织布机发明创新的过程中，丰田汽车公司的创始人丰田佐吉意识到，要制造真正优良的纺织品，作为原材料的纱线至关重要，于是着手纱线的研究。

为了提高装配质量，当然需要改善企业自身的制造方法，但除此之外，加强与供应零件的合作企业、设计产品的母公司或其他公司之间的合作同样必不可少。

只有经过这么多的准备和积累，才能避免失误，确保产品质量的稳定。即使是千分之一、万分之一的概率发生的错误，也必须立即停止生产线，以追根究底的姿态，找到问题的真正原因。

企业要坚定错误可以减少至零的信念，持续推进改善。

4 | 交期与库存的即时应对式改善

◎ 基本着眼点为"库存即罪恶"

接下来本书将围绕交期的改善展开阐述。交期改善的基本着眼点是"库存即罪恶"。库存必须控制在所需数量的最小范围内。

这并不是说绝不能持有库存，而是要从根本上对通过大批量的生产制造，使库存堆积如山，接到订单后再从仓库中取出交货的生产方式进行改善。

大批量生产方式造成的浪费过于庞大。仓库中积压的产品倘若能销往市场倒也罢了。然而现在，商品的更新换代越来越快，商品的寿命十分短暂。即使是畅销商品，也有可能转瞬之间过气，变成"滞销品"。在仓库里堆满了不见天日的库存品的状态下，交期的改善还能实现吗？

即便如此，希望持有大量库存的企业或经营者依然屡见不鲜。因为库存短缺就无法立即满足订单需求，担心错过"最佳销售时期"。

但事实上，要避免错失销售良机，库存并不是必需的。只要像上文提及的企业一样，建立起在接到订单后的数小时内完成生产并迅速交货的机制即可。换言之，大量库存不仅会造成庞大的浪费，还意味着对"制造力"滞后的问题放任不管。

要将库存控制在必要的最小限度，缩短前期准备时间，即前置时间（Lead Time）是必不可少的手段。

前置时间包括以下几种。

- 生产前置时间——从生产开始至生产完成的间隔时间。
- 商品前置时间——从接到订单至交货的间隔时间。
- 开发前置时间——从开发至交货的间隔时间。

缩短前置时间，能够提升企业竞争力，实现多品种化生产。

①提升竞争力

现在，各个企业都在竭力缩短这三种前置时间，短交期的竞争力有时甚至超越了品质、成本等要素。若能将通常需要一周左右的交期缩短至两三天，那么即使价格偏高，也会吸引不少企业或个人下单订购。有的企业还会根据交期的长短更改价格设定。

不仅如此，前置时间一旦缩短，就不需要准备库存，成本竞争力也随之增强。某个时装制造商便是如此。

在大多数竞争对手纷纷选择前往中国进行生产制造的情况下，这家企业以极短的前置时间为武器，在日本国内的工厂进行生产，并发挥出不亚于中国的成本竞争力。

②应对多品种化生产

在少品种大批量生产时期，企业经营主要依靠大量生产和持有大量库存。商品早晚能销往市场，因此前置时间的长短影响甚微。

但现在，商品寿命急剧缩短，设计或规格不断推陈出新，多品种少量生产的模式要求减少工序间在制品数量的同时，建立易于切换品种的弹性生产机制。

◎ 缩短前置时间的准则

为缩短前置时间，要从以下几个方面进行改善。

①重新审视生产线，建立精细快速的流水作业

构建高效流畅的生产线，避免出现搬运或移动造成的阻滞淤塞，去除不必要的工序准备环节。

②缩小生产批量

建立逐一生产单件商品的"一个流生产模式"是最有效的方法。在无法实现"一个流生产"的情况下，也要尽可能地减小生产批量，缩短单件商品的前置时间。对于制造方而言，生产批量当然是越大越好。但现在，顾客选择逐个购买不同的商品，大批量生产已然行不通了。同时，这也是由计划式生产向订单式生产转变的前期准备。

③生产顺序的平准化

针对在同一条生产线制造多个品种商品的情况，可通过生产顺序的平准化，消除因品种差异而造成的工时和作业量上的差距，达到搬运加工等工序的平均，实现均衡化生产。

另外，"平准化"概念还是准时化生产的前提，是指从整体上实行商品种类及数量的均衡化生产。

④缩短准备时间

在一条生产线上进行多个品种的产品生产时，需要尽量设法缩短准备时间。理想状态是控制在一个生产节拍之内。

丰田生产方式的发展历史书写的就是一部如何缩短生产准备时间的历史。准备时间从最早需要 3 个小时减少至 1 个小时，进而实现了 10 分钟以内的单分钟快速换模法（因将换模等工序准备时间控制在个位数而得名），甚至达到一触式换模的境界，正是通过不断推进改善，取得了惊人的改善成果，才使汽车的多品种少量生产逐渐成为可能。

⑤减少工序内的浪费

要缩短前置时间，必须对生产线进行改善，彻底消除浪费。作业的标准化或作业培训同样必不可少。

⑥杜绝不良品

出现不良品就会产生浪费。必须构建在各道工序内确保品质的生产机制。若以不良品的产生为前提，那么就需要订购更多的零部件。理想状态是若订购 100 个必要的零部件，就制造 100 件优质产品。

⑦实行目视化管理

针对当前的生产量是否与计划相符，或工序状态是否正常等情况，需要创造"适用的道具"来使其一目了然。

经过了上述持续改善的过程，才有可能在近乎零库存的情况下实现"在需要的时刻，按需要的数量，供应需要的商品"的生产模式。

◎ 对"束手无策"的状况不可视若无睹

接下来要介绍的是医院候诊时间的改善案例，虽然与前置时间有所区别，但也可作为参考。

大医院的候诊时间往往很长，甚至有"等待三小时，诊断三分钟"的说法。即使是在缩短患者候诊时间上采取了相应措施的医院，接待、诊断、检查、注射、用药等一系列的流程，也需要耗费一上午的时间。

对于能否缩短患者的候诊时间，B 医院积极导入丰田生产方式，实行业务改革，花费数年时间持续推行改善。

B 医院的院长基于"医疗属于服务的一种，患者就是服务对象"的理念，多年来一直致力于提高患者就诊的便利性。但即便如此，对于每名患者平均需要等待 1 小时以上才能就诊的问题，他依然束手无策。

某次，这位院长在医院的管理层集会上了解到丰田生产方式，萌生了"这对医院也适用"的想法。于是他立即向咨询顾问提出委托，对医院的业务重新进行了研究，结果发现了多达 150 项的浪费。

例如，从接诊到结账的整个流程中，诊断时间约为 3 分钟，写病历或处理账务约为 15 分钟，共计 18 分钟便可完成，但实际耗费的时间却长达 90 分钟。后来，医院将病历理解为丰田生产方式中的"看板"，顺利推进了各项业务的改善。两个月之后，患者的候诊时间缩短至 1 小时以内，患者本人也能明确看到自己需要等待的时间。

"无论是医生还是业务人员都在拼命地工作。但患者的数量实在太多了。因此，让患者长时间等待也是无可奈何的。"这种观念一直被视为医疗机构的常识。然而，事实当真如此吗？在制造业或服务业，制造方或销售方的立场是站不住脚的，必须优先考虑顾客的立场。同样，时代的发展要求无论是医院还是公共机构，都不能只考虑自身的情况，必须更加重视使用者的体验。B 医院就是一个很好的例子。

将等待视为理所当然的地方必须进行改善，避免浪费客人的时间。这将成为赢得顾客青睐的一大卖点。

◎ 以"看到顾客再生产"为目标

"一个流生产模式"是交期改善的理想状态。所谓的

"一个流"究竟是什么呢？

产品制造通常在预测市场需求的基础上制订生产计划。然而，在这个顾客喜好日益多样化的时代，无论制订多么周密的计划，都无法完全掌握顾客的需求，难免会出现计划之外的部分。有时，计划还会与实际情况大相径庭。企业被"表面需求"所左右，陷入"计划式生产"的困境中。这样的话，企业将面临以下双重损失。

- 将滞销货误判为畅销品导致大量库存积压。
- 错失畅销品的最佳销售时机。

长此以往还会危及企业的生存。

某地方自治体的第三部门曾濒临财政破产。原因在于无视顾客的需求，忽略是否畅销的客观实际，大肆生产当地的土特产品。这样的报道已屡见不鲜。不仅仅是第三部门，将卖不出去的商品错判为畅销品而执意大量生产的做法对经营的打击也是毁灭性的。丰田汽车公司在经历了同样的教训后，便一直严守"只生产卖得出去的产品"的原则。

对于制造业而言，"看到了顾客之后，只生产卖得出去的产品"才是最重要的。

为适应市场需求，避免生产滞销品，就必须极力缩短从接单到交货期间的前置时间，由计划式生产转变为订单式生产。

改变提前生产堆进仓库的生产模式，生产完成后立即送到顾客手中。这便是"看到顾客再生产"的具体内涵。

某个时装制造商的工厂通过将以下三项措施贯彻到底，实现了产品销售不断货、无损失的目标。

- 生产有订单的商品。
- 只生产确保畅销的商品。
- 及时补充畅销商品。

这家企业虽然不是定制服装生产商，但对于相同的产品没有采取批量制造的方式，而是实行单件产品逐一生产，始终以"单件"为基本进行制造。

只有极短的前置时间才能使之成为可能。在这种生产模式下，无论是工厂还是店铺，均无须持有多余的库存，且能够取得更高的利润率。

顾客希望在"需要的时刻"获得需要的商品。企业需要尽力缩短前置时间，建立在顾客需要时及时供应商品的体制。

◎"制造过早浪费"的严重性

准时化生产要求"在需要的时刻，按照需要的数量，供应需要的物品"，出现延迟自然是不行的，那么是否意味着提前制造就可以了呢？答案也是否定的。接到订单后，即使交期还很长，某些企业也会出于"反正已经拿到了订单"的想法而早早地进行生产，这不仅会提前消耗原材料，还会过早耗费能源及人工成本，造成经费等方面的浪费。生产出来的产品需要仓库保管，库存管理也需投入人力，这些均属于制造过早所导致的浪费。

在某个制造商的工厂，只要接到销售部的订单，无论交期的长短，工厂都会不断地大量生产并运入销售部的仓库。

的确，在接到订单的状态下，工厂不存在"将卖不出去的产品误判为畅销品而执意生产"的情况。交期也不会出现延迟。然而问题在于，过早制造会导致销售部出现仓库长期保管库存的浪费。从企业整体来看，将额外增加保管费用及制造成本，也是利润空间遭到压缩的原因之一。企业的产品制造不能只看工厂内部，要站在全局的高度，思考"什么才是最重要的""怎样才能消除浪费提高效益"

等问题。

总而言之，正如制造过多导致的浪费必须聚焦于"畅销品"一样，准时化生产还要确保以下两点：

- 消除制造过早的浪费要把握"恰到好处的时间点"。
- 避免延迟造成的浪费要把握"恰到好处的时间点"。

对于缩短前置时间，有的企业单纯地追求"快"或"短"，认为"越早越好"或"越快越好"，其实关键在于"恰到好处"。无意义地过早制造会造成浪费，增加工作负担，决策时必须格外谨慎。

综上所述，提高生产效率的要点具体如下：

①后道工序领取法

灵活运用"看板"，力求生产指示信息的统一化管理。

②根据需求量决定生产节拍

通过严格把握商品在市场上能卖出去的数量，即商品的"市场需求量"，决定生产的对象、生产的数量、生产的速度等关键环节。"制造多少件"并不是由制造商自己决定的，而是根据市场的动向来确定。

③工序的流水化

实现工序的流水化。理想状态是实现"一个流"的生产模式。

④小批量生产

通过缩短换模等工序准备时间逐步实现小批量生产。

这样，企业就能达成既不持有多余的库存，也不制造过多产品的目标。

◎ 改善多种前置时间

上文已提及，前置时间分为"生产前置时间""商品前置时间""开发前置时间"三种。单从产品制造的角度来看，企业仿佛只要缩短从生产开始至完成的生产前置时间即可，但其实并非如此。

某办公设备制造商的生产子公司 C 公司从实践中体会到，只追求生产前置时间的缩短并不能为顾客提供真正的服务。

C 公司的"制造力"本身处于集团第一的水平。产品也是复合型数字设备，几乎都是满足客户需求而生产的确定订单。当收到销售部门发来的订单后，公司便从预定的交货日期开始倒排生产计划，生产完成后，立即由销售部门交付给客户，建立了十分理想的生产体制。

"这些都是员工们努力推进生产改革的结果。" C 公司的社长感到心满意足。但有一次，同一集团内另一家销售公司的社长却向他大吐苦水，让人颇感意外。

原来，当 C 公司的产品送到客户的事务所时，经常出现因入口太窄导致设备无法进入的情况。只能先将产品拆解为易于搬入室内的尺寸，然后在事务所里面重新组装。但这一过程需要耗费大量的时间，给客户带来了诸多不便。

这也在所难免。即使是精通组装的专业人士，面对大型数字设备也需要一定的时间。更何况是由完全外行的销售人员进行拆解和组装，需要花费的时间更长，还可能出现质量问题。设备搬进去之后，打开开关却无法运作，又需要时间来修理，类似的情况时有发生。销售公司为此思考了许多改善的方法，目前却依然没有很好的对策，因而倍感苦恼。

听了这番话，C 公司的社长想："其他销售公司肯定也有类似的难题。"若是这样，不仅会给客户带来极大的不便，还可能导致企业形象受损。由于该集团的核心客户是中小企业，对于这些企业而言，购买新的办公设备很可能是一件大事，因此也格外期盼收到新产品。然而，送到的产品不仅要在搬入时花时间拆解又组装，还有可能无法正常运作，难免令人心生疑窦:"不会有问题吧?"

于是,C公司向销售公司提出了一个建议。

收到产品的订单时,如发现问题,可请求客户确认产品的搬运路线、入口大小等信息并提前告知。C公司根据这些数据研究易于搬入的组件尺寸、数量以及组装方法,相应地进行生产,再交给销售公司。销售公司只需根据C公司制作的操作手册进行组装,就能在短时间内顺利完成组装并确保正常运作。这是接单生产独有的做法。

这样一来,所有的问题都得到了解决,C公司的社长反思道:

"在我看来,前置时间包括从接单、交货、设置,直到启动按钮顺利运作阶段的所有时间。工厂只需按照订单进行生产的时代已经结束了。今后我们打算积极地将服务拓展至产品的设置环节。"

过去企业只在工厂的工序内考虑问题,现在则需要追溯到产品设计或合作对象相关的前道工序,或者像上述事例一样,关系到销售部等其他部门。伴随着这些变化,从多个角度综合考虑各类前置时间也是理所当然的。多种前置时间的改善也逐渐成为一大课题。

◎ 看板的四个原则

在交期改善的最后，本节将围绕丰田生产方式手段之一的"看板"进行阐述。

首先，陷入"丰田生产方式＝看板方式"的等式是十分危险的。确保看板的有效运行，生产现场必须满足以下三个条件：

①生产的平准化

②工序的布局

③标准作业的设定

难以满足这些条件的生产现场若贸然使用看板，反而会导致库存增加，引发现场的混乱，因此有的企业并未使用看板。或者，尽管企业自身的生产模式尚不健全，但在合作企业的强烈要求之下导入看板，遭到"委托方的欺压"。

正确使用看板是关键。为此，必须牢牢掌握看板的使用原则。

正如"准时化的三大支柱"一节所述，常规的生产方式是由前道工序向后道工序提供零部件，看板方式则由后道工序从前道工序领取零部件。这样能有效防止浪费。究其原因，后道工序严格按照市场需求量从前道工序领取相应数量的零部件，即使在没有生产计划的情况下也能明确生产时期或生产数量。另外，即使生产计划与实际的市场动向之间出现偏差，使用看板也能轻松地进行微调。

看板是一种能够防止过量生产造成浪费，检测工序进度，实现"目视化管理"的工具，同时还作为改善的工具发挥重要作用。

"看板"大致可以分为以下几种。

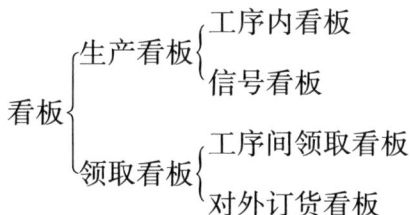

```
        ┌ 生产看板 ┌ 工序内看板
        │         └ 信号看板
看板 ┤
        │         ┌ 工序间领取看板
        └ 领取看板 └ 对外订货看板
```

此外，看板的运用必须遵循以下四个原则。

【后道工序领取】

- 没有看板不得领取。

- 领取数量不得超过看板数量。

- 看板必须挂在实物上（信息与实物配套移动）。

【严格按照所领取的数量生产所领取的物品】

- 严格按照看板的数量生产。

- 按照看板送达的顺序生产。

【不可运送不良品】

- 发现不良品时不得运送（输送的只能是合格品）。

【必须将看板的总数量控制在最小范围之内】

- 通过改善减少看板的数量至关重要。

看板

看板是实现准时化生产的重要管理工具之一。
后道工序在需要的时刻，按照所需数量从前道工序领取需要的物品，
前道工序只补充后道工序所领取的数量。
看板的基本功能、种类、使用规则等简要说明如下。

（a）生产、搬运的指示信息
（b）目视化管理的工具
 1）防止制造过多
 2）检测工序进度
（c）工序作业改善的工具

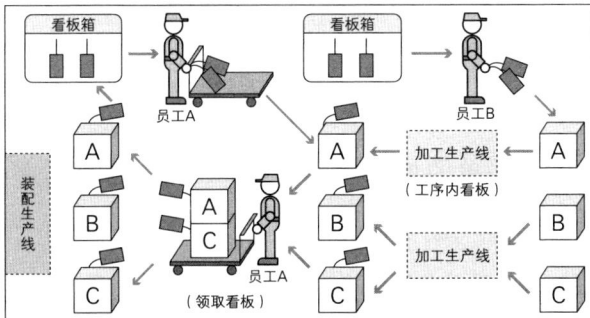

工序内看板的使用规则

（a）只生产后道工序所领取的数量
（b）没有看板禁止生产
（c）看板与产品必须一起移动
（d）禁止不良品流入后道工序

领取看板的使用规则

（a）一旦取出零部件使用，就要摘下看板
（b）拿着摘下的看板从前道工序领取
（c）前往领取时换成工序内看板
（d）没有看板禁止运送

5 ‖ 超越成本界限的方法

◎ 差距始于销售额、利润及成本的算法

关于成本改善，改善的基本观点是"基准成本"。

首先，我们要了解成本的计算。

如果只用简单的加减运算，将卖出的数量从计算中完全排除，从而得出"成本降低了"或"成本提高了"的结论，那就大错特错了。

若采用大批量生产模式，一次性生产大量相同的产品，那么计算时的成本会更低。然而，生产的产品能卖出多少才是问题所在。大量生产往往会导致库存积压。例如，如果卖出了一半以上的产品，计算结果将截然不同。

与此相反，若采取小批量生产模式，成本或许会略高于大批量生产。但更容易满足消费者的需求。在产品几乎售罄的状态下，小批量生产的成本将更低。

改善的基本在于，不能无视"产品能卖出多少"的实际，追求计算所得的低成本结论，而是只生产卖得出去的产品。用更低廉的成本制造能卖出的产品才是改善的目的。

关于"售价""利润""成本"之间的关系，主要有以下三种算式。

①售价−成本=利润

②利润=售价−成本

③售价=成本+利润

算式①属于面对同行业的其他竞争者，制造商无法随意决定售价的情况。也就是说，在这种情况下，"售价由顾客主导的市场行情所决定"。

假设售价为 100 日元，制造成本为 80 日元，那么利润为 20 日元。

算式②则优先考虑利润。这意味着只要投入生产，制造商就希望获得这么多利润。

在希望获得 20 日元利润的情况下，若成本为 100 日元，那产品就要卖 120 日元。

算式③则是在不考虑市场原理的"官僚作风"之下的常见情况。用利润与成本相加得出售价。

成本花费了 100 日元，希望获得 20 日元的利润，那么售价就是 120 日元。

这与其说是算式，不如视为在材料费或人工费上涨时表面化的观点与思维方式，反而更易于理解。

当成本上涨时，会出现怎样的情况呢？

按照算式③的"官僚作风"，自然会以"成本增加了"为由而提高售价。在确实无法提高售价的情况下，则采取削减利润的做法，将压力转嫁给承包商。

在利润先行的算式②中，想要"确保利润不减"，就必须提高售价。若无论如何都提高不了售价，利润还是会减少。

对此，算式①的思维方式则是这样的。

售价由顾客来决定，即使成本上涨，也不能轻易地转嫁到售价上。售价保持不变，要在成本上涨的状态下提高利润，唯有设法降低成本。

换言之，"成本的存在不是为了计算，而且为了降低"才是算式①的思维方式。这也是丰田生产方式的基本思考。

制造业的利润源泉在于"制造方法"。在全球化竞争的时代，产品不可能轻易地提高价格。如何以更低的成本、更快的速度进行生产才是最重要的主题。

◎ 成本管理的推进方法 I ——成本的可视化

在制造产品时鲜少考虑成本的人其实很多。问题出在未实现成本"可视化"的经营者身上。在无法清晰看到成本的情况下，即使企业强调"要降低成本""必须加大节约力度"，也找不出症结所在，不知从何处下手。

另外，在宣称"要降低成本"的经营者当中，对于企业究竟有没有盈利、盈利源自何处等问题一知半解的人也很多。在进行改善活动时，"掌握成本""了解成本"是一大前提。

①明确消耗单位①

就现状来看，大部分企业一般通过以下方式来把握成本。

- 按月度（把握结果）。

- 按部门（整体统计）。

- 按项目（整体统计）。

但这样无法按照产品类别及时（最好按天）掌握成本。

面对这个急剧变化的时代，企业要做到"按照产品类别，针对材料费、加工所需的劳务费、设备费、动力费等内容，

---

① 消耗单位：指生产一定数量的产品所必需的原材料、劳动力和时间等。

利用每天的金额把握目标与实绩之间的差距，并通过改善缩小差距，确保利润"。

为此，必须明确成本的"消耗单位"。

消耗单位是推进改善与确保利润的基本标尺。

- 使用材料。
- 工数①与劳务费。
- 使用设备。
- 设备运行费。
- 维护费。
- 因出现不良品、返修、停止生产线等情况而产生的费用。

按照产品、工序、作业的不同类别，通过金额明确掌握"消耗单位"。

若缺乏消耗单位这把标尺，不清楚生产线究竟是否盈利，不仅无法了解改善的成果，也难以区分改善的优先顺序。

②树立现场的成本意识

要树立生产现场的成本意识，不能靠"一件商品多少钱"的粗略金额来实现，必须逐一明确材料费、加工费、

---

① 工数：进行作业所需的总作业时间，用人数和时间的乘积表示。

乃至半成品的放置空间等，细化消耗单位，以此树立成本意识。

细化消耗单位执行起来虽然有一定的难度，但在消耗单位不明确的状态下，即使实行改善，也无法算出"成本到底降低了多少"。每日持续的改善必须用数字来评价，因此，确保生产现场的"成本可视化"是不可或缺的。

实际上，通过成本的可视化，现场将产生极大的改变。

某家运输公司在作为大型制造商管理体系的一环运营时，驾驶员不需要考虑成本，及时将货物送达指定场所即可。然而在某一时期，由于公司从体系中脱离，被迫进行独立核算，因此公司决定让驾驶员也清楚地看到运输成本。例如明确每次送货需要花费多少成本，能够获得多少利润。于是，驾驶员开始格外注意成本，从路线的选择到踩刹车或踩油门，都尝试创造更多的利润。

在看不见成本的职场，宣扬"树立成本意识""要降低成本"等不过是恶劣的唯心论。实现成本的可视化，通过数字反映改善的结果，现场的成本意识自然得以提升，员工也会主动思考怎样做才能降低成本。

◎ 成本管理的推进方法Ⅱ——确定基准成本

③确定基准成本

实现成本的可视化之后，接下来要明确"降低多少"这一"基准成本"。不过，也不能毫无根据地提出"降低一成""减少两成"等目标。例如，可通过标杆分析法比较竞争企业的成本，在此基础上确定更具优势的基准成本。标杆分析法是一种向最佳者学习的变革方法。分析优秀竞争企业与本公司之间的差距，弥补不足之处。对于基准成本，也可明确彼此的差额，思考"怎样才能降低成本"。

此时，在自身未采取任何改善措施的情况下，通过要求合作企业"降低采购价格"等方式攫取他人利益的做法是不可取的。首先要靠自身的改善切实降低成本。据此再向合作企业寻求帮助，双管齐下，不断向业界标杆靠拢。

④达到基准成本之后

通过改善达到基准成本后，绝大多数企业都沉浸在"这样就行了"的满足感当中，改善的力度有所松懈。但是，达成阶段性的目标并不意味着抵达终点，而应将其视为新的出发点继续向前。

要进一步提高竞争力，重在以更高的目标来确定基准成本，朝着目标不断推行改善。要持续不断地改善，一刻不停地前行。

◎ 视角改变时状态从"有余"变成"不足"

在生产或服务的现场，"总之按照上级的指示去做就行了"的想法十分普遍。然而事实上，降低成本的种子就隐藏在现场。

现场工作的员工根据日常工作的开展情况，从"是否存在浪费""有没有更好的做法""有没有更加轻松的方法""有没有更便宜的制造方法"等方方面面发散思维。而从中凝聚的智慧能够发挥出真正的效果。

比起伏案苦思，置身现场、观察实物更容易找出降低成本的方法。因为有效的改善需要在现场工作人员基于现场的实际情况思考改善提案，并予以执行。

观察现场时，可尝试从以下几个方面来把握。

①加工、使用等能否省略

②能否换成价格更低的产品

③能否延长使用寿命

④规格、标准是否过剩

⑤能否进行作业改善

⑥能否提高成品率

⑦能否减少不良品

⑧能否进行再利用

⑨能否节省能源

另外，也可对照下述图表进行梳理归纳。

从这些视角出发，坚持每日改善，持续降低成本。

不过，仅靠生产现场的努力来降低成本，取得的效果毕竟是有限的。例如，对于"减少零部件数量""减少紧固件数量""简化加工步骤"等方面的改善，需要负责前道工序的设计部门予以协助。在某些情况下，还要与帮忙采购零部件的合作企业密切协作。在减少不良品、提高产品质量上也是如此，离开了前道工序和其他部门的协助，缺少了合作企业的配合，许多改善项目将无法实行。

即使发现了问题，若抱着"这是其他部门的事情，还是不管为妙""插手其他部门的事情恐怕会招惹非议。还是在自己力所能及的范围内尽力吧"等心态，必然无法从根本上解

成本改善提案的着眼点

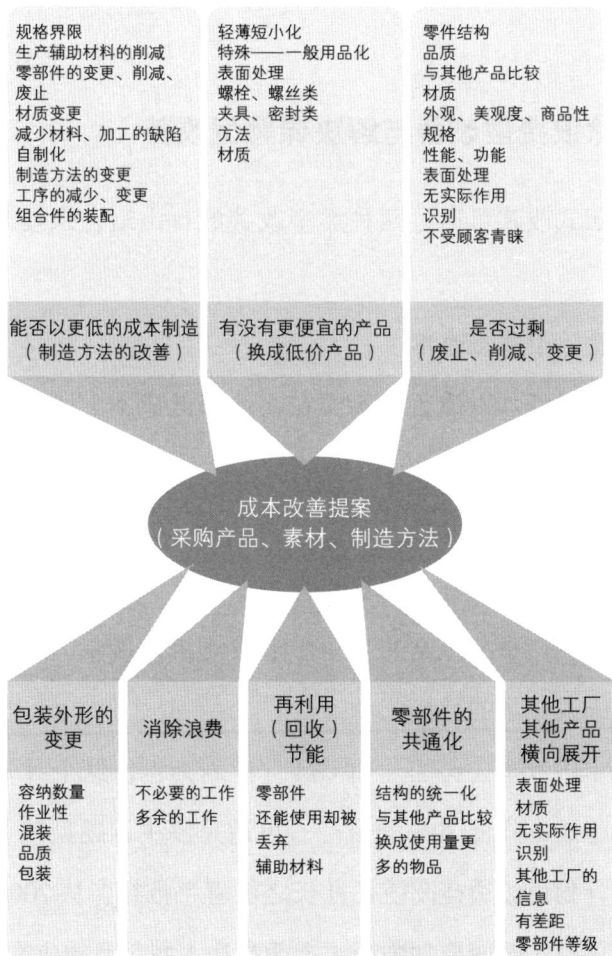

规格界限 生产辅助材料的削减 零部件的变更、削减、废止 材质变更 减少材料、加工的缺陷 自制化 制造方法的变更 工序的减少、变更 组合件的装配	轻薄短小化 特殊——一般用品化 表面处理 螺栓、螺丝类 夹具、密封类 方法 材质	零件结构 品质 与其他产品比较 材质 外观、美观度、商品性 规格 性能、功能 表面处理 无实际作用 识别 不受顾客青睐
能否以更低的成本制造 （制造方法的改善）	有没有更便宜的产品 （换成低价产品）	是否过剩 （废止、削减、变更）

成本改善提案
（采购产品、素材、制造方法）

包装外形的变更	消除浪费	再利用 （回收） 节能	零部件的共通化	其他工厂其他产品横向展开
容纳数量 作业性 混装 品质 包装	不必要的工作 多余的工作	零部件 还能使用却被丢弃 辅助材料	结构的统一化 与其他产品比较 换成使用量更多的物品	表面处理 材质 无实际作用 识别 其他工厂的信息 有差距 零部件等级

决问题。只有整个企业上下一心，与合作企业通力协作，不遗余力地推行改善，才能取得有效成果。

◎ 消除浪费型改善与解决课题型改善

丰田式改善可通过两种类型改善的自由组合来提升改善效果。

①消除浪费型改善

找出浪费加以改善，实实在在地降低成本。属于日日改善、日日实践的典型。

②解决课题型改善

树立远大的目标，朝着目标不断推进改善。这种方法要求在严酷的竞争与急剧的变化中激发创意的转变，从而一口气实现缩减成本的目标。

以丰田汽车公司的"CCC21"计划为例，这个计划成功实现了将成本降低30%的目标，可谓是解决课题型改善的典型。该计划由渡边捷昭就任社长之前着手推行，从2000年开始，利用三年时间成功削减了金额高达1兆日元的成本。

"CCC21"计划通过对比全世界范围内的最低价格，逐项提取出问题点，再逐一加以改善。既有最多只能削减 10% 的成本的项目，也有可削减幅度达 50% 的项目，关键在于对照"全世界最低价格"这一标尺，找出自身的问题所在，明确需要改善的部分。这一点具有极大的意义。

比起常规的消除浪费型改善，这类解决课题型改善之所以能发挥更大的成效，关键在于从头开始对汽车制造本身进行彻底全面的审视。从根本上对问题重新展开探讨，集中全部力量去解决，并尝试在限定的时间范围内达成目标，这是解决课题型改善所具备的强大影响力。

若成本削减目标为 10% 左右，那么通过消除浪费型改善即可达成，要求合作企业大幅度降低采购价格等"小聪明"式的应对措施也能达到目的。然而，面对削减 30%，乃至削减 50%（成本减半）的目标，通过"小聪明"式的做法是绝不可能实现的。只有改变观念才有实现目标的可能性。

改善既要致力于常态化消除浪费，还要借机实行解决课题型改善，通过观念的转变取得巨大飞跃。

◎ 成本减半的实现

有着多年丰田生产方式实践经验的 D 公司决心向"成本

减半"发起挑战。

在这个价格竞争日趋激烈的时代，客户提出希望采购价格减少20%~30%的情况屡见不鲜。面对这些数字，若只顾感叹"这可难办了"，企业将无法在竞争中立足。D公司的想法则是，"干脆将成本降低50%，剩余的20%、30%就作为利润留在自己手里"。

为达成这一目标而提出的课题其实多达38项。原材料费用自不必说，还包括外购零部件费、领用零部件费、外包加工费、能源费、物流费等可变成本，以及固定劳务费、折旧费、维修费等固定成本。并且，按照不同的成本项目，进一步细化分解。以劳务费为例，细分如下：

- 直接工数的作业时间减至二分之一。
- 停机待工的时间降至零。
- 步行时间减至二分之一。
- 小停机（由于故障之外的简单原因造成作业短暂中断或设备暂停）次数减至二分之一。
- 工序准备时间减至二分之一。

此外，进一步将课题具体化，明确缩短工序需要解决的课题、缩短工序准备时间需要解决的课题等，由相应的部门负责。

"力求彻底消除工序内不良品、待工时间、故障时间。"

"使用价格更低的材料，争取将空间效率提升至原来的两倍。"

"与产品制造相关的其他项目均以减少二分之一为目标。"

依靠这些措施的综合作用才能实现成本减半。压低采购价格、裁减人员等根本行不通。针对所有的成本项目，凝聚集体的智慧展开全面分析，正是解决课题型改善的典型。

最终，D公司真正实现了成本减半。

像D公司一样，将成本减半作为目标的企业其实多如牛毛。然而，其中绝大多数都无法实现这一目标。究其原因，成本减半不过是这些企业的一个努力方向而已。D公司以竭尽全力去实现的决心确定了成本减半的目标，而某些企业的经营者却说："虽然提出了成本减半的目标，但并不认为自己能够真正实现。不过，只要朝着这个方向努力，估计至少也能成功削减20%~30%的成本吧。"这种想法或许十分普遍。

但是，这种空谈目标的做法恐怕会沦为《伊索寓言》中"狼来了"的故事。一旦确立了目标，想方设法地去实现才是关键。虽然面临一定的困难，但只要企业上下齐心协力，实现成本减半的目标也绝非天方夜谭。企业要获得强大的竞争力，提出重大课题，全力以赴迎接挑战至关重要。

◎ 削减成本是否有禁忌

诚然，所有的企业和经营者都在成本改善上煞费苦心。用更低的成本提供优质产品是工作的铁律。不过，有一条需要格外注意，即无论再怎么削减成本，以下两点禁忌都绝不能触犯。

①安全与环境

大野耐一时常强调"不要引进时下流行的机器人设备"，对于"到现在还不引进机器人设备吗"的随意态度表示了强烈反对。其本意在于，在尚未对现有设备实行充分改善的情况下，出于"这项工作有了机器人设备就轻松了"的目的而导入，无法提高企业的改善力，只会增加成本。

大野耐一的观点是，对于机器人设备或最先进的机器设备，只有在围绕"能否真正降低成本"展开充分探讨，且确保设备有助于工作现场的安全与环境的情况下才能导入。

针对具有一定危险性的工作而导入机器人设备，大野耐一认为，"即使导致成本有所上涨也必须执行"。若有人提出"导入机器人设备需要更高的成本，还是让人来做更便宜"的建议，则会遭到严厉的斥责。

对于轻率的机器人设备化虽然持否定态度，但从"以人为本""重视人才"的观点来看，大野耐一对人才的重视无疑高于成本。

由于安全与环境无法带来直接受益，世上不乏抱有"以不花钱的方式解决"等吝啬想法的人。然而，这种观点其实是错误的。改善固然重要，但构成企业生产经营基础的难道不是安全与环境吗？削减成本决不能以牺牲这两大基础为代价。

②品质

过去，某家快餐连锁店为了在激烈的价格竞争中取胜，降低了大米或肉类等重要原材料的水准，不惜选择忽视产品品质来削减成本。结果，企业流失的顾客越来越多，一度到了濒临破产的地步。

"企业所尝试的几乎都是放跑顾客的做法。"了解当时情况的企业相关人员曾给出了这样的评论。

为降低成本而牺牲产品品质或口味的做法屡见不鲜。然而，顾客其实是非常敏感的。一旦出现"味道变差了""品质不如以前"等情况，立即就会被顾客察觉。但是，绝大多数顾客并不会说出口，只会通过"不买、不去"等行动来反映态度。等到企业发现时，销售额已经下降，顾客光临的脚步也戛然而止。

过去的日本也曾经历过"便宜无好货"的阶段。由于价格低廉，顾客就不能抱怨产品质量差或口味不佳，这是当时的普遍认知。当然，现在这种观念已被淘汰。在削减成本时，务必要将能改变的和不能改变的事项牢记于心。

第 3 章

有效发挥"自上而下"的作用

——管理者与高层的职责

6 | 管理监督者的"有所为"与"不可为"

◎ 管理监督者的"改善五大条件"

要想有力推进丰田式改善，提高企业竞争力，"高层贯彻到底的意志"与"管理监督者充分发挥作用"是其中的两大关键点。

充分发挥管理监督者的作用，必须具备以下五个条件：

首先是"工作相关的充足知识"与"职责相关知识"。

其次是"教授的技术"与"用人的技巧"。

继而是"改善的技能"。

接下来逐一进行详细说明。

【工作相关的充足知识】

以产品制造的现场为例，管理监督者需要具备材料或机械、工序、工作法、工序所需技术等相关知识。管理监督者不需要在生产线上与部下一起挥洒汗水。在出现无法

管理监督者的作用

管理监督者必须发挥两大方面的作用。
一是"确保数量与品质",另一个是"开展以降低成本为目的的改善活动"。虽然很难做到二者兼顾,但为达成目标,管理监督者必须认真观察现场,能够准确分辨"异常情况"与"非异常情况"。为此,管理监督者必须格外注意以下三点。
①时常查看现场(具备发现浪费的眼光)
②管理并指导部下
③立足于整体而非部分(整体最佳状况)地做出判断

管理监督者的条件

改善的技能

工作相关知识

用人的技巧

管理监督者

职责相关知识

教授的技术

预测的故障时，管理监督者也会作为替补人员进入生产线救急，但在一般情况下，其作用是在生产线外监督工作的进展。

- 部下是否按照标准作业要求开展工作。

- 标准作业等是否存在需要改善之处。

- 是否出现故障。

这三点尤其需要注意。

当提示故障的指示灯亮起时，首先赶到现场的便是管理监督者。部分故障可自行处理，有时则需发出"请把这个修好"的指示，请专业人员解决。

若对现场缺乏了解，工作相关知识储备不足，那么不仅难以发现需要改善的问题点，也无法做出准确的指示。管理监督者要充分掌握相关知识，始终保持如饥似渴的学习状态，不断吸收新知识。

【职责相关知识】

管理监督者还必须具备自身所肩负的责任及权限。

- 企业、工厂的方针

- 生产计划

- 安全规范

以及其他工作中需要遵守的知识。

此外，管理监督者还必须具备经营意识。过去，管理监督者只需按照上级的指示行动就称得上优秀了，但现在，仅凭这一点是远远不够的。

特别是针对以下五点，管理监督者要有独立思考、积极行动的能力。

①确保安全与环境

安全与环境优先于一切。以降低成本的名义牺牲安全与环境的做法绝不可取。对于灾害、事故、职业病等，必须努力实现防患于未然。与其事后采取补救措施，不如在事前预防上下功夫。

②确保品质

不能到最后一道工序才发现不良品，丰田式改善主张"要在工序中铸就品质"。自己制造的产品自己要仔细检查，打造自我完结型工序，彻底杜绝不良品流入后道工序，确保产品品质，努力达成投诉案例降为零的目标。

③提高生产率

在增产时提高生产率相对比较容易，但要在减产时提高生产率十分困难。而重要的是后者。要积极推进构建能够灵活适应生产量增减的体制。

④降低成本

利润的源泉在于"制造方法"。要认识到"价格由顾客决定",无法左右。要树立成本意识,时常思考"怎样才能以更低的成本制造优质产品"。

⑤严守交期

避免持有多余的库存。要在需要的时刻,按所需的数量,提供顾客需要的产品。为此,每天都要在缩短前置时间上持续努力。

◎ 指导工作的五个步骤

【教授的技术】

基于"以人为本"的丰田式工作指导方法,按照以下从①至⑤的步骤依次推进。管理监督者可循序渐进,指导部下安全、准确地执行规则或操作流程。

①做好教授的准备

在指导工作时,必须有计划地整理好所要教授的内容(规则、操作顺序)。在准备不充分的状态下教授,不仅效率低下，反而容易引发混乱。诀窍在于以下三点。

●制订培训计划表

按照不同作业类型，根据作业者的熟练程度制订培训计划表，明确"培训对象、培训的作业内容、培训时间"。可使用下文的"评分表"，合理安排熟练程度不高的员工培训计划。

●将作业分解细化

使用标准作业组合票。事先明确操作顺序、作业时间。

●提前准备好所有物品

运用实际作业中需要用到的物品（设备、工具、单据、指示单等）进行讲授。要使用现场的实物进行讲授。

②让教授对象做好准备

工作的成效"八成取决于准备"，可见准备的影响之巨大。与教授方一样，教授对象也必须提前做好准备。重点是将以下四点牢记于心。

●营造轻松氛围

过度紧张的情绪会增加学习掌握的难度。由上司进行讲授时，教授对象往往容易紧张，要设法使其恢复平常状态。不过，适度的紧张是必要的，不可太过散漫。

• 说明具体操作

教授对象会因"不知到底要做什么"而感到忐忑不安。讲清楚作业内容、作业目的能消除对方的焦虑，并为工作做好心理准备。

• 确认知识的掌握程度

教授对方已经掌握的知识不过是浪费时间和精力。相反，若擅自断定"这些基础的东西对方应该懂吧，会做吧"，便是强人所难了。要确认对方掌握的内容与程度，究竟能做到哪一步。

• 激发对方"想要学会"的意愿

对方若缺乏学习的动力，那么无论教什么都学不会。要让对方理解学习的重要性与意义。

③对作业进行说明

进行说明时，切忌急躁。认识到"没听明白不是对方的问题"。要告诫自己"对方不明白是因为自己没说清楚"。

• 主要步骤逐一说明

主要步骤指的是工作的操作流程，用语言来解释动作。在做示范的同时，按顺序逐一进行通俗易懂的讲解，确保无遗漏。要说给对方听，做给对方看，写给对方瞧。

评分表（生产线负责人专用）

制定自身生产线的评分表与培训评价表

【生产线负责人评分表】

年　月　日

〈工厂名称〉　　　工厂
〈生产线名称〉　　生产线　　　　　　　工厂负责人　　　　　盖章
〈商品名称〉　　　　　　　　　　　　　生产线负责人　　　　盖章

姓名＼工序名称											
1											
2											
3											
4											
5											
6											
7											
8											
9											
10											
11											
12											

第1阶段　培训后能学会　　第2阶段　能按照标准作业操作　　第3阶段　能处理异常情况　　第4阶段　能进行改善、指导

【多能工培训评价表】

业务内容＼作业员	工序设备								合计
	车床	钻床	铣床	磨床	电弧焊接	刮削作业	钳工作业、装配	技师资格	

能力评价（等级1~5）
等级1：无经验
等级2：培训后能学会
等级3：能按照标准作业操作（2级技师）
等级4：能处理异常情况（1级技师）
等级5：能进行改善、指导（特级技师）

● 强调关键点

待对方了解了工作流程后，就要强调需要注意的关键点，加深对方的印象。关键点主要是指安全相关的内容或便于工作的技巧等。

● 清晰、全面、有耐心

讲解时确保语言清晰，动作准确，注意不要有遗漏，要有耐心，反复进行示范或说明，直到对方明白为止。以"太忙""没有时间"为借口半途而废，工作必然会失败，不得不重新教学。正因为忙才要好好教。

● 不可强人所难

每个人都有自己的能力。若强迫对方去做超出自己能力范围的事，可能会导致对方陷入自我怀疑、排斥或厌恶工作的情绪。要根据对方的能力因材施教。

④让对方尝试

工作并不是靠头脑理解就能立即做好的。听得懂与做得到是两个不同的概念，必须用身体来掌握。

● 让对方尝试并纠正错误

先让对方动手尝试，然后立即纠正对方的错误。避免对方养成不良习惯。

- 让对方边做边解释

作业流程是用语言来表述动作，若能完成动作，就可以对作业流程加以说明。让对方边做边解释，既能再次确认作业流程，又能让对方牢牢记住。

- 让对方反复尝试直至感觉对方弄懂为止

不要询问对方"明白了吗""能做到吗"，要仔细观察教授对象的动作，直至感觉对方"真正弄懂了"。不要问"明白了吗"，要亲眼确认对方的动作。

⑤确认教完后的状态

工作不能一味地"埋头苦干"，要靠"跟进"才能完成。在人才的培养教育上，跟进更是至关重要。这需要时间和毅力，要将"直到对方学会为止""直到对方能做到为止"当成座右铭。

- 让对方着手工作

通过第④步确认对方"真正明白"之后，让对方尝试独立着手工作。

- 时常检查

刚开始工作时，新手难免会出现忘记操作或判断错误等情况。要仔细观察对方的动作，及时纠正错误。

● 让对方主动提问

由于感到不情愿或难为情，即使遇到不明白的地方也不愿提问，只凭自己的判断而导致工作失败的情况十分常见。管理监督者必须努力营造轻松的氛围或环境，促使教授对象主动提问。

教育培养人才需要耗费时间和精力。不是每个人都能像大家预期的那样获得成长。但是，我们必须时常反思"对方学不会或许是因为自己的教法有所不足"，积极改善教授的方法。只要怀有"定能培养成才"的信念与毅力，人就一定会成长。既然选择录用就要负责培养，这才是丰田模式提倡的做法。

◎ 培养团队的两个条件

【用人的技巧】

丰田生产方式极为重视团队合作和互助，以至于有"一人百步不如百人一步"的说法。要促进人与人之间的关系，尽量让每个人都参与到生产与改善活动中。关键在于以下两点。

①重视团队合作

即使是以夺冠为目标而开启赛季的职业体育团队，若成绩不佳，失去了夺冠的目标，队伍也会一下子失去向心力。选手的心态对于个人成绩或下一期比赛的影响，领队或教练无法掌握。企业也一样。企业或部门若没有明确的目标，员工的价值观不统一，缺乏集体感，伙伴意识也很薄弱。

因此，管理监督者要始终牢记以下几点。

- 设定明确的目标。

- 培养"大家齐心协力共同完成目标"的伙伴意识。

- 但要注意不可陷入过度依赖，而沦为"友谊俱乐部"。

团队既不是一盘散沙，也不可过度依赖，更不能相互拖后腿，唯有所有成员都奔着同一个目标"赛跑"，相互切磋，才能让团队充满活力。

- 问题要在萌芽时期解决。

工作离不开人与人之间的联系，人际关系方面出现问题自然也在预料之中。不过，突如其来的纠纷并不常见。在大多数情况下，问题出现时往往会发生异常状况或发出信号。

- 职场氛围不对劲。

- 部下近来很焦躁。

● 工作量激增。

若能提前察觉这些异常情况，便可在演变成大问题之前，及时在萌芽阶段处理，无须大费周章。管理监督者不仅要在问题出现时带头解决，平时也要加强与部下的沟通，及早发现问题，尽快解决问题。

◎ "改善的技能"的含义

【改善的技能】

改善的技能是指对作业内容进行细化分解，认真研究，将其简化，合理安排顺序，灵活组合，从而消除浪费的能力。

生产现场并不是只按照指示制造产品就足够了。若不能根据市场的变化，每天对制造方法持续进行改善，生产力就会逐渐下降。改善不能只由管理者或上司来完成。负责现场第一线的管理监督者和团队成员都必须是主角。

管理监督者要具备持续改善的能力，经常思考"是否存在浪费之处""有没有更好的做法"。而且，改善的智慧一定要源于现场。对于来自现场的细微"发现"或微小的创意，管理监督者都应仔细倾听，思考更好的方法。汲取现场的智慧，将智慧付诸实践，正是管理监督者的职责。

大野耐一曾经说过：

"管理监督者若能将管理监督的时间控制在三分之一以下，改善的时间占到一半的话，也算可以独当一面了。"

由此可见，改善才是最重要的能力。犯了错误也不能找借口说"太忙了，根本腾不出时间来改善"。其实，不是"忙得没有时间"，而是"因为缺少智慧，所以没有时间"。

◎ 重新审视自己的工作态度

至此，我们已对"工作相关的充足知识""职责相关知识""教授的技术""用人的技巧""改善的技能"等管理监督者的五个必备条件进行了盘点。

从对待工作的态度出发，可以总结为以下四个方面。不难看出管理监督者同样要具备经营意识。

①积极性

在采取新的措施或改变以往的习惯性做法时，谁都会因害怕失败而打退堂鼓。然而，俗话说"不进则退"，如果继续拘泥于当前的做法，就会落后于时代，在竞争中遭到淘汰。

对于全新的尝试，管理监督者自身若能采取积极的态度，那么部下也会以积极的发言和行动来回应。作为组织的领头羊，管理监督者要成为组织中最积极的一分子。

②可靠性

工作在人与人之间的关系中推进。必须以相互信任为基础。要保持信任关系，管理监督者必须表明"对部下公平公正"和"对上司有强烈的责任感，以身作则"两种立场。

③毅力

管理监督的职责并不简单。耗时数个月才能完成的情况也不在少数。决不能因为看不到立竿见影的效果就轻言放弃，重在持之以恒，坚持到底。

例如，在培养部下的过程中，在对方完全没有工作经验的情况下，只教过一次就要求完美的做法是错误的。耐心、跟进、坚韧、毅力是不可或缺的。"制造产品就是培养人才"，人才的成长能极大地提升产品制造水平。

④协调性

绝大部分工作都需要团队合作而非单枪匹马地行动。团队之间有前道工序、后道工序的联结，以及支撑它们的组织或企业。团队合作和协调性不仅仅是对于自己的团队，在与其他组织的合作上也是极为重要的。希望管理监督者能在充分了解合作对象的立场和实际情况的基础上采取适当的措施。

◎ 改善文化的含义

从"培养人才""创建改善文化"的角度，可将管理监督者的重要职责总结如下。

管理监督者不能仅从一个角度看待自己的角色，要站在纵向、横向、斜向等多个视角来进行自我修正、自我改善。

为了让团队中的每个成员都能轻松愉快地参与改善活动，创建不畏失败、立即执行的改善文化，管理监督者必须牢记以下几个要点。创建良好的改善文化，其实就是培养"用智慧工作的部下"，激发团队整体的积极性。

- 全体成员充分认识到改善的重要性和意义。
- 熟练掌握改善的步骤。
- 行动时要有成本意识。"成本的可视化"同样不可或缺。
- 培养洞察力。

●激发团队干劲，认真耐心地对待工作，保持热情与活力。

◎ 标准作业的制订方法

在本节的最后，将对标准作业的制订方法进行简要介绍。

管理监督者在指导部下推进改善活动的过程中，标准作业是必不可少的。

即使是制作同样的产品，若每个人的作业方法各有不同，便无法确保产品品质的稳定。另外，在实行作业方式改革时，若缺乏统一的标准，也无法判断改革效果的好坏。

"没有标准就没有改善"，这是丰田式改善的理念。严格制订标准作业，并在标准工作的基础上推进改善活动，可谓是基本中的基本。

标准作业按照以下顺序制订。

①必要月产量

②必要日产量

③生产节拍时间

但麻烦的是，不少生产现场打破了这个原则，导致"先

标准作业的制订流程

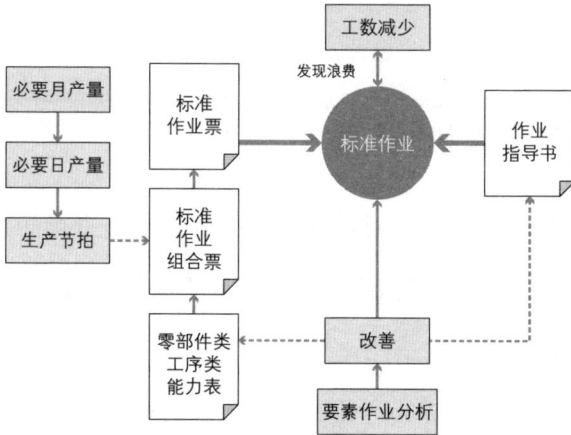

```
必要月产量 ──→ 必要日产量 ──→ 生产节拍

标准
作业票

标准
作业
组合票

零部件类
工序类
能力表

                    工数减少
                      ↑
            发现浪费
                    标准作业 ←── 作业
                                  指导书

改善

要素作业分析
```

丰田式循环图

丰田式循环在"思考=Think"的基础上,
新增了跟进、标准化、评价

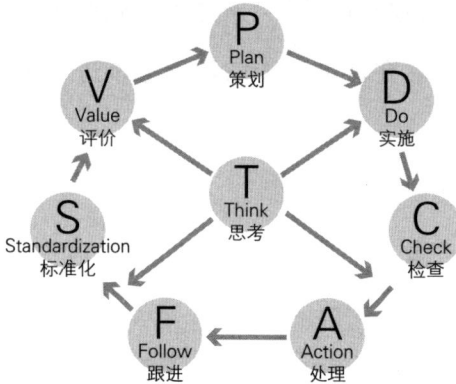

```
              P
             Plan
             策划

     V                    D
    Value                 Do
    评价                  实施

              T
             Think
             思考

    S                     C
Standardization          Check
  标准化                  检查

        F            A
      Follow       Action
      跟进          处理
```

按照现有的生产节拍来"进行生产。现场的现有产能不应限制必要月产量或必要日产量。此外，丰田式循环的特点是在常规的 PDCA（Plan、Do、Check、Action）循环的基础上，新增了三点：

- 跟进

- 标准化

- 评价

不仅如此，每个环节还要加入一个关键点，即：

- 思考

换言之，丰田式循环要求将智慧融入其中。

关于"生产节拍时间的计算方法""作业顺序""标准手持"，可参考第 129 页的图。

丰田式标准作业由工作在生产现场的员工们自行制订。这是其一大特色。

有些人认为"这么难的事情交给管理者就行了"，但事实并非如此。管理者制订的标准往往不是最佳的。由管理者制订的标准作业沦为一纸空文，无法执行的情况随处可见。

【标准作业要由现场制订】

这便是丰田式生产理念，只有现场制订的标准才是真正实用的。

以管理监督者为代表的现场员工其实无须考虑得过于复杂，首先将自己正在做的事情如实地进行"书面化"即可。

在此基础上，根据标准作业对部下进行指导，激发部下的问题意识，持续推进改善。这样不仅能增强生产现场的实力，也与人才的培养息息相关。

生产节拍时间的计算方法

$$每天的必要数量 = \frac{1个月的必要数量}{工作天数} \qquad 生产节拍时间 = \frac{工作时间}{每天的必要数量}$$

【例】某个月的必要数量为8800个
（1个月的工作天数为22天）

● 每天的必要数量 $= \dfrac{8800个}{22} = 400个$

● 生产节拍时间 $= \dfrac{每天的工作时间（480分钟）}{每天的必要数量（400）} = 72秒$

（生产1件产品需要72秒）

作业顺序

粗加工　　　切割　　　原材料

加工　　　热处理　　　研磨

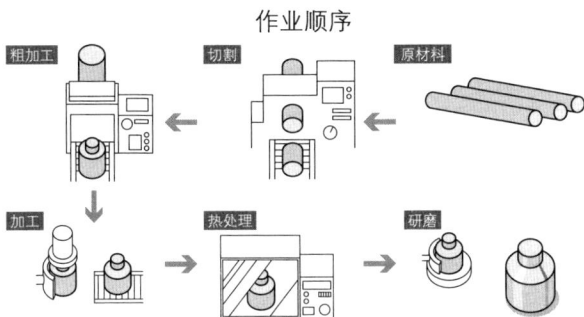

标准手持（人的动作＜负责的范围＞顺序）

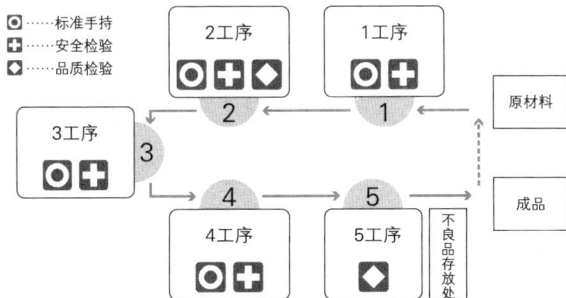

◉……标准手持
➕……安全检验
◈……品质检验

2工序　◉➕◈

1工序　◉➕

3工序　◉➕

4工序　◉➕

5工序　◈

原材料

成品

不良品存放处

129

7 改善推进团队与高层的作用

◎ 高层面临的考验

上一节已提及，丰田式改善的关键在于"高层贯彻到底的意志"与"管理监督者充分发挥作用"，并对管理监督者的作用进行了详述。

接下来，围绕在极大程度上影响改善活动成败与否的"高层贯彻到底的意志"以及直接反映高层态度的改善推进团队或改善研修会，本节将展开详细说明。

过去，被问及实践丰田生产方式的难度时，大野耐一如是回答：

"原因在于思维方式始终是传统做法的延伸。从之前的计划性大规模生产体制直接转换为丰田生产方式极为困难。必须从根本上改变思维方式去尝试，否则是行不通的。尤其是经营者的态度，决定了能否有成效。"

若丰田生产方式仅仅是看板、标准作业等手段或方法上的改善，经营者的态度就不会受到严厉的质疑。只需导入新的方式，强调"从今天开始采用这种方法，希望大家尽早适应"即可。虽然多少会引发一定的混乱，但基本上都可以在现场解决。

然而，丰田生产方式绝不仅仅是手段、方法，必须进行意识层面的改革。

- 大批量生产方式——由制造方的逻辑构成。
- 丰田生产方式——以买方、顾客为中心的制造方法。

对于习惯了大批量生产方式的人而言，实行丰田生产方式在"不持有库存，按照销售情况进行生产"等多个方面，都面临着180度的转变。仅此一项就已困难重重。

不仅如此，还需要在现场进行反复的改善与实践。现场工作的每一个人都要有顾客意识，并带着强烈的问题意识和成本意识投身工作。这在大批量生产方式中是不可想象的。

换言之，要导入丰田生产方式，必须持续推进改善，极大地改变员工和管理人员的意识。哪怕只是改变熟悉的做法，现场也会表现出强烈的抵触情绪。更何况还要员工进一步改变意识，积极参加改善活动，难度之大可想而知。需要付出巨大的努力。

因此，高层的决心将备受考验。

◎ 改善受挫与高层的关系

丰田生产方式导入之初，员工一般会出现以下几种反应。

①一定程度上支持并协助改善……二成

②观望改革的进展……六成

③强烈反对……二成

第②、③类员工共占八成，这些员工一开始即使不情愿也会表现出配合的态度，而改善能否真正启动，完全取决于高层"动真格"的程度。

某家企业以丰田生产方式为基础实施了生产改革。在生产部门主管和工厂负责人的积极推动下，改善活动一开始也进行得非常顺利。但过了一年左右，现场的热情便急剧减退。不久之后，已经实行的改善开始回归到之前的做法，两年后就被彻底打回原形。

究竟是为什么呢？原因在于企业高层对现场关注度的减退。尽管改善活动进行得十分顺利，企业高层却从未亲身前往工厂查看。生产现场对于高层的这种态度其实已然习以为常。

"现场的员工们已经看穿了高层的心思，发现高层并未动真格。因此，不管我和工厂负责人再怎么强调'要持续推进改善活动'，现场也始终认为'这不过是暂时性的举措'，并不会真正执行。这样一来，改革就无法长久坚持。后来我不再负责生产部门，工厂负责人也更换了，改革便戛然而止，现场转眼间就恢复原样了。"

回顾当时的情景，部门主管曾这般追述往事。可见高层的态度对改革的影响之大。

经历了此番挫折，几年之后，这家企业再次尝试进行生产改革，走了不少弯路。看着这样的企业，当时的部门主管感慨道："那个时候，如果高层领导能更加关心现场，常到工厂来看看，我们的企业或许能变得更加强大。"然而为时已晚。

◎ 让看不见的"想法"可视化

相对地，高层亲自参与改革的企业则取得了丰硕的成果。

某家企业的经营者在着手开展生产改革时，不仅亲自前往丰田公司和丰田集团的工厂学习，还亲自建立了一条样板线。通过对样板线进行夜以继日的持续改善，努力让改革走上正轨。

同时向员工强调："不要将新方法与过去的习惯性做法进行比较，而是一心思考怎样才能掌握新方法"，每天召集七八名员工，耐心地向他们解释以下两点：

- 为什么必须进行改革。
- 改革追求的目标是什么。

另一家企业的高层将实际业务交给了改善推进团队的成员，自己也极为热心地向员工们说明改革的意义，陪同推进改善工作的员工一直加班到深夜。

据当时的改善推进团队负责人介绍，"高层既然如此重视改善，那么谁也无法轻易说出'干脆放弃吧'之类的话。最终大家都被高层的热情所吸引并持续推进改善，现在想想真是明智的选择"。

除此之外，还有一家企业的经营者在生产改革之前，将自己设想的"理想生产线"做成了一幅巨大的解说图。于是，一些无法仅靠语言传达的内容便可与员工轻松共享。"原来社长说的是这么一回事，"员工们纷纷感慨，"这种方式确实更好。"支持改革的声音也越来越多。

实际建成的生产线虽然与解说图有所区别，但正因为有了这幅图，生产线的变革才得以顺利实现，直到现在，这幅图还陈列在社长办公室里。

这些企业高层的共同点便是"持续的热情"与"想法的可视化"。

◎ 比语言更能凝聚人心的东西

真正想要改革的经营者往往有着"这样下去不行"的强烈危机感。也就是说，这些经营者已经具备了"持续的热情"。因此，在多数情况下，"想法的可视化"才是实施改革的关键。

经营者的想法通常很难用语言具体传达给员工。"公司现在的处境很艰难""希望大家齐心协力共渡难关"，即使经营者反复发出类似的号召，但站在员工的角度，依然无法理解"究竟面临着怎样的困难""如何才能摆脱危机"，不能设身处地地考虑问题。

更何况，若只在口头上强调"现在的做法行不通，要按照新方法去做"，人们往往无动于衷，并不认为自己当前的做法有问题。即使这些做法在旁人看来十分怪异，本人却不以为然，依旧我行我素，甚至认为"自己的方法才是最好的"。

要改变这种意识，朝着一个方向凝聚人心，高层必须将自己"希望这么做"的想法进行"可视化"，并简洁明了地传达给员工，这才是通往改革的捷径。不能仅仅依靠语言。通过想法的可视化，才能引发人们对问题的思考与探讨，从而提出意见。

经营者可先将自己的设想画成图形或图样。通过看图，经营者能了解自己的想法是否正确，员工也可以积极地提出意见。

只发出"必须改革，务必改善"的指令，未对想法进行可视化，从不前往工厂或出席改善发表会，这样的高层是最令人头疼的。

若光凭空喊"变革"的口号就能改变现场，改变企业文化，增强企业竞争力，那自然再轻松不过，但现实绝无可能。"自己已经下达了指令，剩下的交给部下就行了"，高层若完全假手于人，改善就不可能实现。高层要利用图形或图样，通过身体力行来让员工"看到"改革的决心。

◎"新手运气"之后是关键

一旦开始改革，就必须持之以恒，直至形成企业的改善文化。

然而，要做到这一点其实很难。

或许有人认为"若高层的热情能让占比八成的消极员工也开始从事改善活动，那么接下来便简单多了，只需顺水推舟即可"。但事实并非如此。

一开始，由于过去的制造方法充斥着大量的浪费，仅通过 5S 或彻底消除浪费，就能让现场的情况大为好转。坚持一年之后，成功扭转亏损局面的企业也不在少数。这种情况持续两三年后，当企业开始赢利时，危机便随之出现。在企业面临严峻形势时，经营者和员工受形势所迫，不得不认真致力于改革，但随着改善的推进，企业实现盈利，改善的力度便会开始松懈。有人会产生"已经很拼了，停下来歇歇脚"的想法。还有人虽然看到了较大的浪费，但对细微处的浪费却视而不见。有的经营者因利润开始上涨而如释重负，关注的重点逐渐向主业之外的获利机会上转移。

- 因取得一时的成效而松懈，停止改善活动。
- 认为"自己还有许多不足之处"，并为进一步改善而努力。

这是企业能否形成改善文化，获得强大实力的分歧点。

当自己协助改善的企业达到一定的水平时，笔者会提醒企业："根据目前的情况再做一次标杆分析吧。"

物美价廉的产品比比皆是。举例而言，与日本国内的其他同行相比时，自己的企业似乎"更胜一筹"，但若对相同产品在中国或东南亚的制造成本展开调查，便会发现这些产品不仅品质优良，价格方面也更具压倒性优势。

面对这种情况，以"我们的品质更好，因此更具优势"等为借口是行不通的。要以不亚于中国或东南亚的价格，在日本国内制造出同样高品质的产品。

这虽然很困难，但通过持续不断的改善是可以实现的。

对比国内同行业的其他企业，决不能因价格便宜10%~20%的优势而放松警惕，这么小的差距很快就会被追上。竞争不能靠毫厘之差取胜，至少要与对手拉开一圈以上的差距。这样十足的干劲对改善而言是必不可少的。

某家企业坚持了十多年的生产改革，已经具备远超同行业其他企业的强大实力，但其经营者仍然每年都会前往丰田公司或丰田集团的工厂开展一两次考察。而且，每次考察都会产生"还有许多问题需要解决"的感想，精益求精地推进改善。

对于经营者而言，时刻保持追求"更好的东西"的"贪婪"是必不可少的。

"忘记昨天。也不要考虑明天。只一心反省今天的不足。"

这是大野耐一说过的话。

与昨天相比，若满足于"今天取得了很大的进展"，改善便会止步于此。即便推说"明天再做也行"，也并不意味着到了第二天就能灵光乍现。当天所做的事情，必须在当天及时反思，并努力加以改善。发现浪费并改善是一项终生任务，朝着"今日更比昨昔，明日更胜今朝"的目标逐步向前迈进。既然开始改革，经营者就要有这样强烈的意志和决心。

◎ 组建改善推进团队的注意事项

生产改革离不开经营者的坚强意志和员工的意识改革。

但在实际的改善活动中，则由改善推进团队发挥主导作用。

组建改善推进团队需要注意以下几点。

①团队成员必须专任

团队成员由员工兼任的做法是不可取的。务必要选择专职成员。但多数企业都倾向于采用兼职成员。要实现思维方式、观点看法乃至行动方式等各方面的巨大转变，依靠兼职成员是不可能成功的。

在肩负其他工作任务的情况下，人们难免会更想做自己熟悉的工作。上司也容易对部下施加压力："改善活动虽然要开展，但其他的事情也要做。"而部下也有可能将忙于日常生活作为改善毫无进展的借口。

改善推进团队的成员必须专任。认为自己"在人才方面力有不逮"的企业，从一开始就不要尝试生产改革。

②增加实力干将

对于大企业而言，从所有的部门分别挑选成员，组成人数为十几人的团队是最理想的体制。团队领导若能由企业的二把手担任，改善将更易推进。

员工总数在100人以内的企业，2~3人就足够了。不过，这种情况需要社长亲自挂帅推进改善。

改善推进团队的人选充分体现了高层对改善的重视程度。若团队成员由员工兼任，高层未参与，团队负责人交由部门主管级的干部担任，那么改革无疑是不可能实现的。

改变习惯性做法和思维方式对于任何人来说都并非易事，必然会遇到阻力。若表面上不反对，心理上却抱有较强的抵触情绪，那么即使改善有所进展，只要稍有懈怠，也可能瞬间恢复原状。

要让员工们在看到组建完成的改善推进团队时，都能产生"这次要动真格了"的想法。

◎ 改善推进计划与改善报告会

由专职成员组建的改善推进团队正式启动后，便要制订改善推进计划，定期举办研修会和报告会。

①改善推进计划

改善推进计划通常会确立减少库存，降低加工费、劳务费，降低物流成本等目标，提出在第一年尝试将所有实际结果"减半"的情况居多。若将目标设定为减少10%之类的数字，那么依然是传统做法的延伸，例如通过向合作企业提出降价要求等方式即可达成，但若一口气提出"减半"的目标，效果将截然不同。不仅要对做法本身进行改革，目标达成时带来的冲击也更大。大野耐一在进行改善时也常说，"一切都要减半"。

一开始看似遥不可及，但只要拿出智慧，持续不断地推进改善，就能在不知不觉间达成目标。制订计划时，不能让目标触手可及，而要向看似不可能的计划大胆发起挑战。

②改善报告会

围绕改善推进计划，定期举办研修会或改善报告会，充分验证改善进展到何种程度。

改善报告会必须由社长以下的董事出席，亲自查看改善现场，听取报告，给出自己的评价。在掌握了现场意识改革的进展情况及制作方法的变化之后，还需探讨以下两点。

• 当前的课题是什么？

• 怎样改善才能解决？

改善推进计划需要适时进行微调。不要拘泥于"已经制订好的计划"，而要在认真把握现状的基础上进行修正，加以改善，再朝下一步迈进即可。

③改善报告会的注意事项

改善报告会必须由社长以下的董事参加。"太忙了，没有时间""已经交给现场"等都只不过是借口。改善活动需要企业高层亲自参与，亲自跟进。这也是对高层决心的考验。

不过，此时还需注意以下事项。不能使改善报告会成为高层自我满足的场所。改善的成果是起起落落中逐渐积累的。而且，从事改善活动并不意味着一定能取得成果。改善之初通过转变充斥着大量浪费的制造方式，虽然能取得立竿见影的巨大成效，但随着改善的不断推进，一定时期内将很难再出现明显成效。

在这一时期，高层若急于"取得改善成果"，改善报告会恐将沦为一个"展示的场所"。改善推进团队或生产现场为了向高层展示成果，可能会勉强行事，或将时间耗费在制作令高层满意的资料上。

改善报告会旨在掌握企业现状，明确今后的发展方向。高层不可对改善推进团队或生产现场施加不必要的压力，要坦率地接受现状。为致力于改善的员工们提供鼓励、建议和支持才是高层的职责所在。

◎ 改善研修会项目示例

要在现场推进改善活动，除了改善推进团队之外，培养在各个现场积极推进改善的人才同样必不可少。

为此，通过定期举办研修会，向员工传授"改善是什么"等相关知识，培养实际现场的"改善力"尤为重要。

以下是某家企业举办的为期两周左右的改善研修会项目。

①讲座与观摩

这家企业的研修计划，是先利用"讲座"学习发现浪费的方法，再通过"现场观摩"掌握现场作业。

②提炼问题点

接下来，进入"提炼问题点"的阶段，明确"什么是浪费、不合理、不均衡"。这一步的关键在于认识到改善研修不仅仅是为了获取知识。

即使学到了"浪费是什么"等相关知识，若不能实际应用于现场，也就毫无意义。注意到浪费，发现问题点之后，务必要围绕"怎样才能消除浪费""怎样才能解决问题"制订改善方案，并付诸实践，这才是最重要的。

如果不想解决问题，倒不如不发现问题。关键不是成为指出"那里存在浪费""这里有问题"的"诊断师"，而是成为在实践中能够提出"这种方法可以解决"的"治疗师"。

"研修会"一词虽然会给人留下重在学习知识的印象，但丰田式改善研修会要求将讲座上学到的知识立即付诸实践。目的是通过这种方式培养能够实行改善的人才。

③提出改善方案

提炼出问题点之后，思考多个改善方案，进行充分讨论，精选出最佳的改善方案。

④实施与跟进

尝试实施改善方案。进一步观察实施了改善的生产线是否出现故障，发现问题立即修正，并再次确认改善的效果。

确认改善结果并及时修正的过程非常重要。改善并不是"只要做了就行"，重点在于要认真跟进实施的结果，并持续推进改善，直至达到"这样就没问题了"的程度。这一点在实际改善时要格外注意。

⑤成果报告会

最后，召开成果报告会，研修会宣告结束。

完成本次研修会的员工将成为现场改善活动的中心。

研修会日程安排示例

		上午	下午	其他时间
第1天	开课仪式	· 开课仪式 · 讲座	· 改善的观点、思考方式 · 实测测定方法	· 利用录音教材开展研讨
第2天		· 现场观摩 · 把握现场的现状	· 提炼问题点 · 现状调查的梳理汇总 · 改善方案的提出与探讨	
第3天		· 改善的实施	· 改善的实施	· 对作业负责人进行说明
第4天		· 改善的跟进	· 改善的跟进	
最后一天	成果报告会	· 制作发表图表资料 · 准备发表	· 成果报告会 · 现场说明	· 总结会

146

就这家企业而言,据说随着这些重点员工的增加,过去"对问题视而不见""虽然会提意见,但拒绝参与"的员工占多数的情况将开始转变,逐渐形成发现问题立即行动的企业文化。

◎ 是指导者,还是"保姆"?

改善推进团队虽然要亲自开展改善活动,但更重要的是培养"具备改善力的人才""运用智慧工作的人才"。与培养起来的人才共同推进改善活动。

为此,如何激发现场工作人员的智慧并灵活运用,将成为重中之重,但这需要耐心与毅力。

某家企业曾发生过这样的事。

①火速启动

由于过去的制造方法存在大量的浪费,这家企业仅通过全面实行 5S,不断消除浪费等方式,便顺利降低了成本,大幅度缩短了前置时间。不仅如此,企业的生产率也得以提高,改善的成果在数字上也体现得一目了然。

对于这个结果,高层也非常满意,高兴地吩咐改善推进团队："按照这个状态继续努力。"

②改善的平台期

然而，在改善活动开始约半年后，改革的势头便急剧下降。

这也在情理之中。尽管企业存在大量的浪费，但若整个现场都为消除浪费而努力，明显的浪费几乎都能得到改善。改善活动本就需要"在改善的基础上进一步改善，持续推进改善"，找出改善之下隐藏的问题点虽然十分重要，但这并不容易。因此，企业的改善活动进入了停滞期。

改善推进团队虽然积极鼓励现场"继续改善"，但现场却反映："已经找不到任何浪费了。"高层也提出了"怎么回事"的质疑，团队开始产生焦躁情绪。

③团队的保姆化

在某次会议上，改善推进团队像往常一样强调"还存在需要改善的问题点"时，现场的员工却反驳道："已经没有了。你们倒是说说到底哪里还需要改善？"某个团队成员一气之下便指出了几处问题点。不仅如此，还将具体做法告知了现场："这么做效果更好。"

从那以后，类似的对话便在会议上反复上演。

④思考能力的退化

如此一来，改善活动从表面上看似顺利推进。然而，这些并不是现场的员工们自己主动发现问题并开展的改善，而是询问团队成员，按照团队成员的意思开展的被动改善。

就丰田式改善而言，这是最糟糕的一种做法。

改善的基本是"自己思考答案"。

人们总是希望不经思考就能直接获取答案。进行教授或指导的人也会不自觉地告知对方答案："这么做就行了。"然而，这样并不能培养出运用智慧工作的人才。即使需要花费一定的时间，也要让对方自己动脑思考。针对"自己思考的答案"，改善推进团队可给出"要不要考虑这么做""从这个角度思考怎么样"等建议。虽然可以提供建议，但决不可告知正确答案。只有通过思考和尝试才能培养出有智慧的人才。

⑤发挥真正的指导作用

这家企业的改善推进团队也开始反思"教得过多"的问题，之后便严格履行指导者的职责。即使改善未能如期推进，也会耐心等待。同时，向高层解释原因，说明培养人才的重要性，不可急于求成。

通过这些举措，"明确告诉我该怎么做不就行了"等来自现场的抱怨声逐渐平息。最终，现场能够自己发现问题，并主动进行改善。起初，推进小组考虑的改善方案往往更好，但到了后来，现场的智慧反而更有成效。

管理人员或上司确实能进行多方面的考虑，但在实际现场真正能够发挥作用的还是现场的智慧。

这里再次强调，改善的基本在于"制造产品就是培养人才"。改善推进团队不能成为剥夺现场"思考智慧"的保姆。作为现场的支持者，改善推进团队要培养"运用智慧工作的员工"，并不断提供助力。改善活动的主角必须是现场。当改善推进团队充当的并非主角而是配角时，企业的改善活动才能真正行之有效。

第 4 章

突破成长的瓶颈与天花板

——间接部门的改善

8 ｜ 打造强大而精简的间接部门

◎ 从整体上消除浪费

至此，我们主要围绕工厂等生产现场，以及销售、技术等直接部门的改善展开了思考。接下来，我们将对总务、会计、人事、策划等间接部门的改善活动进行探讨。改善的目的在于消除浪费，降低成本，提高企业竞争力。而事实上，即使生产现场或直接部门竭尽全力地改善成本，若加上间接部门的经费，效果往往不尽如人意。

一般来说，提到"成本降低10%""生产率提升一成"等目标时，所指的几乎都是直接部门的动作。然而，在间接部门的人员多于直接部门，耗费大量间接经费的情况下，即使直接部门顺利达成了目标，若与间接部门一起计算，得出的数字也往往与目标相去甚远。

计算时不能只看直接部门，包括间接部门在内，企业必须从整体上努力降低成本，提高生产率，提升竞争力。

因追求低廉的人工成本而选择在海外进行生产时也应如此。海外的人工成本虽然比日本便宜很多，但还要考虑运送设备所需的成本、从日本派送员工所需的经费、包括不良品在内的品质问题，以及是否会导致日本的间接部门过于臃肿等问题，综合看来，在多数情况下，能否真正降低成本还有待商榷。

丰田式改善不仅限于改变产品的制造方法，还要考虑以下两点，从整体上进行改善。

- 从企业整体的高度消除浪费。
- 站在顾客的立场上提供产品和服务。

毋庸置疑，不仅仅是直接部门，不断推进间接部门的改革同样至关重要。

间接部门若完全不参与改善，那么无论向直接部门发出多少"这里要进行改革，那里要做出改变"的号召，也只会引起对方的反感。对于"这些家伙什么也不干，净说些自以为是的话"等来自现场的声音，间接部门的员工们必须正面接受。间接部门要带头开展改善活动。只有这样，改善活动才能改变整个企业。

◎ 间接部门改善的启动

某家企业对间接部门存在的浪费情况进行了自查，结果发现了大量的浪费。如，"转记操作过多""盖章多""找文件""文件处理停滞""分发大量复印件""持续获取不常使用的数据""制订了计划但不执行""票据过多"……

甚至还出现过耗费一个月的时间制作海量的审批资料，却因上司的一句"这样不行"而全部从头重做的情况。随着改善的推进，"文件尽量总结到一张纸上""资料要简洁明了，注意不能遗漏要点"等原则虽然得以执行，但因过度拘泥于纸张数量或厚度，从而浪费精力和时间的企业也不在少数。

进一步调查后发现，这些间接部门的浪费还导致了直接部门的浪费。例如以下几种情况。

• 花费大量时间准备给总部的报告，管理监督者到现场的时间减少。

• 向会计申请付款时要填写多张单据，需加盖多个印章。

• 采购部门购入的零部件包装过度，造成包装上的浪费以及拆解包装所需时间的浪费。

• 采购部门选择的治具工具与生产线不匹配，增加了现

155

各部门消除浪费的检查要点

直接作业的浪费				间接业务的浪费		
品质（结果不均衡的12种浪费）	组装（作业动作的12种浪费）	物流、搬运	加工	事务性作业	管理业务	经费（购买方式、使用方式的12种浪费）
1 安装位置或方向不明确	1 双手闲置	1 移动距离过长	1 移动（搬运）距离过长	1 转记操作多	1 制订了计划但未执行	1 在未掌握实际用量的情况下采购物品
2 规定模棱两可导致判断标准产生偏差	2 单手闲置	2 搬运次数多	2 材料、半成品搬运次数多	2 盖章多	2 在未明确目标的情况下推进计划	2 顺便购买（购买不需要的物品）
3 有效做法（要害）不明确	3 作业动作停止	3 寻找零件搬运工具	3 工序准备（工具准备）过程的浪费	3 运送文件	3 在未确定管理体系（5W1H）的情况下予以执行	3 认为批量购买更便宜
4 要点未注明	4 作业动作过大	4 等待搬运工具	4 等待作业设备	4 文件处理停滞	4 在未明确目标的情况下进行现状调查或分析	4 票据过多（逐次开票据造成的浪费）
5 障碍物影响视线导致难以配合	5 替换	5 更换装载	5 更换装载	5 找文件	5 现状调查或分析篇幅过长、内容过多	5 采购价格较高
6 无法一步到位，需多次返工	6 步行	6 人工搬运可自动搬运的物品	6 未使用合适的设备（工具）	6 逐次计算	6 在未掌握真正原因的情况下进行改善	6 不做预算（固定采购商）
7 过度费神，耗时长，容易疲劳	7 回头角度过大	7 容器或货箱过大	7 等待作业	7 文件重复	7 持续获取不常用的数据	7 未对定期采购商品重新进行评估
8 未发现相似物品掺杂其中，直接使用	8 未同步进行多种操作	8 徒手搬运重物	8 取材料	8 用文件夹保管文件	8 发现问题不解决	8 过度使用（使用次数过多）
9 起始点与结束点弄错，导致顺序弄错或遗漏的情况时有发生	9 未掌握诀窍或技巧	9 过度包装	9 加工顺序不合理	9 分发复印件	9 未确定业务步骤（管理）	9 丢弃了尚能使用的物品（丢弃用剩的物品）
10 停止或推进无法一目了然	10 踮脚造成的负担或浪费	10 直接以包装纸或纸箱出库	10 出货检查的浪费	10 内容不明确，反复询问	10 日常检测（评价）本身的浪费	10 管理（采购、库存）分散
11 对过硬、过滑、异响或异味放任不管	11 弯腰造成的负担或浪费	11 无效搬运系数过大	11 加工讨论时间的浪费	11 未确定作业规范	11 检测项目或检测周期不合理	11 个人持有过多
12 未按规定的方法（标准）操作	12 作业动作本身	12 搬运本身	12 清扫机器的浪费	12 制作文件本身	12 检测结果与实际行动脱节	12 采购后一直未使用（不了解库存量）

场的负担。

间接部门的职责是提高工作的便捷性，为作为生产主角的生产线服务。然而事实上，间接部门不仅加重了现场的工作负担，还导致了更多的不合理与浪费。

当然这并非有意为之。偶尔也有好心办坏事的情况。但显而易见，这种情况如果任其发展，不仅会阻碍生产部门的改善，还会影响企业整体竞争力的提升。

"间接部门能为直接部门提供什么样的服务？"

"支撑强大现场的强大间接部门应该是什么样的？"

带着这些问题，E公司的间接部门改革正式启动。

◎ 如何定义浪费？

生产现场对浪费的定义很明确。其定义是"无法提升附加价值的各类现象或结果"，指的是"只增加成本的诸多生产要素"。

另外，考虑到真正的工作（实质性作业）指的是"提高附加价值的作业"，那么什么是浪费，哪些不属于浪费便一清二楚了。

例如，就"用锤子钉钉子"这项作业而言，可得出以下结果。

①用锤子钉钉子的动作……实质性作业

②举起锤子的动作……附带作业

③寻找锤子的动作……浪费

通过一点点地改善②和③，就能逐渐提高实质性作业的比例。

不过，间接部门的作业究竟是实质性作业、浪费、附带作业中的哪一种，往往很难判断。

记得作家五木宽之曾在某篇随笔中写道："除了坐在桌子前写手稿之外，其他时间看似无所事事，其实是在脑海中拼命地进行构思，要是能亮一盏红灯表明这一点就好了。"那是在五木先生初出茅庐之时，对于"没坐在桌子前面＝不工作"的看法，他颇为反感。

这里不是要将著名小说家五木宽之与间接部门的常见情况混为一谈，不过，对于间接部门的工作，"对着电脑进行作业＝工作"的说法同样不成立，也不能简单地认为"没有坐在办公桌前就是没有工作"。间接部门的作业难以像直接部门那样区分是否属于实质性作业，这也是事实。

◎ 解决课题型改善大有可为

因此，对于间接部门的改善，多数企业不是明确哪些属于实质性工作来逐一设定目标，而是选择先从确定整体的目标开始实行改善。

E公司也决定从"要以多少人、多高的效率来工作"的标杆分析开始间接部门的改革。

虽然也考虑过对"实质性工作是什么"进行定义，开展职务分析，从而达到消除浪费的目的，但这种做法过于耗费时间。

因此，公司决定对"具备竞争力的间接部门是什么样的"充分展开调查，并以此为目标一鼓作气推进改革。不同于生产部门，间接部门的比较方法很困难，虽然无法进行彻底的标杆分析，但通过与数家企业的对比和探讨，最终得出了只有将现有人数减至四分之一才能形成竞争优势的结论。

这是一个艰巨的目标。

人数减少10%勉强可以接受，但减少至"四分之一"却是一个从未想象过的数字。不过既然得出了结论，唯有全力以赴。

159

首先，将间接部门所做的工作尽可能地按要素作业分类，计算出所需的时间，继而进行改善。经过努力，有望将人员减至三分之二。但显然，继续通过要素作业的方式改善将很难再有突破。

于是，公司大胆地提出了解决课题型改善的策略。按照分析结果将组织人员精简至"四分之一"，依靠仅剩的人员开展工作。

反对的声音很强烈。如"这个人数根本不可能负担原来的工作量""会给剩余的员工造成过度的负担"等。

这些声音反对的并非精简人数策略本身。很多员工和管理人员都认为，公司若想在竞争中获胜，就必须有所作为。只不过，他们还是不禁发出了"一定要做到这种地步吗？"的悲鸣。为了实现改善，必须对员工内心的悲鸣做出回应。E公司采取的措施是"促使员工充分理解"和"构建后援体制"。接下来将逐一详述。

◎ 仅凭语言难以得到员工的理解

【促使员工充分理解】

在推进改善时，重点是让员工正确理解"为什么要做出改变""为什么必须进行改革"。若这方面的认识不到位，那么对于任何微小的改善，员工都会抱怨"为什么一定要这样做"，恐怕不会认真对待。

不过，虽说要让员工们充分理解，但无论口头上如何反复强调"公司现在的处境很艰难，所以必须做出改变"，如果感受不到"危机状态"或看不到"问题出在哪里"，员工们恐怕很难真正理解。

相反，若能清楚地看到"问题究竟是什么"，员工们自然会意识到"应该做些什么"，并主动采取行动。

E 公司便是如此，将公司当前的处境与标杆分析的结果展示在员工面前。在此基础上，以简单易懂的方式向员工做出说明，公司长此以往将无法保持竞争力，间接部门本身也将沦为无用的冗余机构。

通过与员工建立共同的危机感，也让大家深入了解生产部门正在积极推进着怎样的改善。目的在于激发员工们产生"生产部门这么努力，我们也要加油"的意识。

当企业发展到一定规模时，即使身处同一片区域，不同部门对彼此也往往并不了解。

某家企业在对工厂实行生产参观一体化时，决定由在间接部门工作的几名女员工担任向导。然而，大部分女员工自从进入公司后就从未去过工厂，对生产部门的情况一无所知。据说担任向导工作后，大家时常前往工厂，才真正感受到生产部门改善活动的妙处，开始意识到"生产部门如此努力地推进改善，我们也不能拖后腿"。

在很多情况下，间接部门与直接部门互相并不了解。因此，了解生产部门的努力付出，对于间接部门而言也是一个很大的刺激。

E公司也是在共同建立危机感的基础上，通过让员工们了解生产部门在日常工作中的辛勤付出，才进一步加深了大家对改善的认识。

◎ "请求帮助" 是绝佳的改善时机

【构建后援体制】

当然，光靠精神意志是无法做好业务的。E公司的改善推进团队对后援体制进行强化。首先，在将人员从"三分之二"精简至"四分之一"的过程中，向各部门的负责人保证，"实在不行就回归原样"，打消后顾之忧，并且承诺保障后援"靠四分之一的人员无法完成时，提供人员支持"。

后援具体是指，根据各部门提出的申请，以小时为单位提供人员支持。不过，此时需要各部门负责人在申请单的原因栏中注明"为何需要支援"。

例如，工作中有"高峰期"和"低谷期"。一直以来，间接部门都倾向于按照高峰期的需求来配备人员，但经过这个改革，人员开始按照低谷期进行配备。当然，遇到工作高峰期时需要提供支援。

或是发生意想不到的突发状况时，人员需求临时增加。此时也可申请人员支援。

E 公司的改善推进团队将这些支援申请视为生产部门的"安灯系统"。生产线正常运作时不会亮灯，但若出现不良品或机器故障等异常情况，工作人员将自行亮灯示警。管理监督者则立即赶往现场调查问题的真正原因，并进行改善。这是丰田式改善的做法。过去，对于间接部门的工作，即使发生了异常状况，也从未亮灯示警，其他部门的人根本无从得知。尽管实际存在问题，却没有暴露出来。改善也一直无法取得进展。

然而，将人员精简至极限后，间接部门的问题逐渐开始显现。

改善推进团队将支援申请视为改善的契机。与各部门负责人共同思考"为何需要支援""怎样才能不依靠支援,独立完成任务"等问题,并逐一加以改善。

结果,间接部门的支援申请总数开始逐月减少,在几个月的时间内,从精简人员之初的每月 1000 小时以上,大幅度下降至 500 小时以下。

◎ 复合型人才培养计划

要实现上述改善,需要业务的标准化和员工的能力多元化(多能工化)作为支撑。

由于大家普遍认为间接部门的工作具有较高的专业性,因此产生"只有他才能胜任""只有她能做"等想法的人其实很多。然而,若论及是否当真需要如此高的专业性,不过是因为大部分工作都没有实现标准化而已。所以导致对于人员的需求超过了工作内容本身。

①业务的标准化

E 公司通过推进业务的标准化,摆脱了"只有他才能胜任""只有她才能做"的限制，达到了即使是新人，只要严格执行标准作业，也能在一定程度上完成任务的效果。

②复合型人才培养计划

不仅如此，公司还制订了"复合型人才培养计划"，开展相关培训，比如让人事部门的员工也能担任会计方面的工作。

在制订这项计划的过程中，公司发现了一个有趣的现象。过去一直认为"自己是人事方面的专家""会计专业人士"的人，实际上并不能完全胜任人事或会计的所有工作。

例如，假设人事相关工作共有70项，即使是专家也只掌握了其中的一半左右。因此，即使同属人事部门，也无法掌握其他人所做的所有事情，更别说人事以外的工作了。

复合型人才培养计划的目标是首先要全盘了解自己所属部门的工作。其次，对于其他部门的工作，即使无法"做到"，也要达到"做过""见过"的程度。

以前，针对间接部门的人员，只是一味地增加数量，却连对方会做什么、不会做什么都不清楚。能力多元化也并非易事。无论是E公司的高层还是改善推进团队，都深知人才培养需要漫长的时间。即便如此，E公司依然坚定地认为，

"就算耗费时间也要去做，否则无法打造具备竞争力的间接部门和企业""既然下定决心去做，就要坚持到底"。

◎ 会说的人更要会做

只靠工厂单方面的努力，无法在很大程度上降低成本。生产部门的努力虽然必不可少，但只有从设计到材料、生产、物流、销售、间接部门等所有部门都竭力消除浪费，致力于改善，才能形成真正的价格竞争力。

要顺利推进改善，生产部门和间接部门的所有员工必须齐心协力，共同思考"这里是否存在浪费""这种做法是否更便宜""这种方式或许更加有效"等问题。对于企业所有的部门中隐藏着的微小浪费，大家都要逐一找出并消除。像这样，珍惜一分一厘，不断降低成本。

尤其需要注意的是，发出号召的人若不以身作则，便得不到员工们的支持，无法动员大家都参与其中。

例如，既然宣称要实行5S，企业高层就必须亲自动手把掉在地上的垃圾捡起来，拿起拖把打扫。

若指导员工"注意安全"的现场管理人员跑着上楼梯却

不抓扶手，就没有人会遵守规则。

改善活动也是如此。若号召"要降低成本""必须进行改善"的管理人员对浪费放任不管，员工们自然会产生"光向我们提不合理的要求"的抵触心理。

间接部门是否用心致力于改善，能否削减浪费，也是体现企业能否真正彻底实行改善的标志。

改善活动需要整个企业团结一心，共同推进，当员工们都开始思考"怎样提高品质""如何降低成本"等问题时，企业就能成为真正意义上的强大企业。

9 ‖ 横向展开与现场的展厅化

◎ 改善的顺序不能错

改善分为"作业改善""设备改善""工序改善"等阶段。

丰田式改善的推进方法具体如下。

①首先进行作业改善，在改善的基础上进一步改善，持续再改善

②在此基础上，为进一步提高成效，进行最小限度的设备改善

③最后通过更改布局等实行工序改善

通过采取这些步骤，改善便可凝聚现场的大量智慧与创意。

但与此相对，有的企业选择优先大幅度改变工序布局，或抱着"只要购买最新的机器就能轻松解决"的想法而采购先进设备。从表面上看，问题似乎在短时间内得到了有效解决，然而事实并非如此。这一点在本书第一章"改善的步骤"中已有提及。

举例来说，假设精简 1 名人员需要导入 100 万日元的装置。乍一看这似乎是个不错的改善方案，但经过仔细研究，发现或许通过作业改善也能实现减少 1 名人员的目标。在这种情况下，花费 100 万日元的改善方案无疑是失败的。为达成一个目的，可以采用多种手段或方法，这一点务必要牢记。

不管事前经过了多少分析探讨，在实际改善的过程中，许多设想只有通过实践才能验证。"采用这种方法应该会得到这样的结果"，带着这一目标进行改善。然而，不仅没能获得预期的效果，还出现了"操作不方便"等反对的声音。此时，"因进展不顺利而决定回归原样"的做法是不可取的。改善的结果不尽如人意时，就要进一步改善，努力尝试获得良好的成效。

但是，如果一下子投入大量资金进行设备改善或工序改善，即使察觉到"这个方案失败了"，也难以开展"进一步的改善"。明知不合理，但出于"已经耗费了这么多资金"的矛盾心理，也只能继续咬牙硬撑。实施改善时，从成本的角度考虑，也应从作业改善入手，以便重整旗鼓。

不仅如此，机器设备的导入也需要从头进行改善。

通过查看商品目录（规格书）来订购机器设备，按照目录的说明来使用，最终制造成目录上所写的产品。在丰田生产方式中，这些人被称为"目录工程师"。机器设备的使用方法中要融入自己独特的智慧，在制造产品时发挥出远超目录的功效。

例如，若严格按照目录上所写的"3 人使用"来执行，那么与采用同一种机器的同行业其他公司相比，将无法取得任何优势。通过持续不断的改善，将使用人数从 3 人减至 2 人，甚至 1 人。这便是"赋予机器人的智慧"。

无论是机器设备，还是生产现场，人的智慧凝聚得越多，竞争力就越强。人的智慧的多少决定了能否在竞争中取胜。善于运用智慧的人即为"拥有改善力的人才"。改善力需要逐步积累，经过反复多次的试验来培养。

老旧的机器设备也可通过改善，在超过折旧年限较长时间后，仍然能充分发挥作用。以这种方式使用机器的员工，不仅不会被新引进的机器所牵制，还能通过改善挖掘出机器的附加价值。

◎ 自动化的 24 个步骤

接下来将介绍实现工厂自动化的"24 个步骤"。

从"工具自动化"开始，按照"工序自动化""生产线自动化""工厂自动化"的顺序，分阶段逐一推进 24 个步骤。

有的经营者提出："能不能从中间的步骤开始，一举实现整个工厂的自动化？"这种急切的心情可以理解。在这个竞争激烈的时代，内心虽然明白要花时间踏好每一步，但还是希望能一口气建立起理想的生产线、理想的工厂。

这种想法并非全无可能。有的咨询顾问选择在一夜之间全部替换成新的生产线，制订新的标准作业交予员工，要求员工"从今天开始，按照这种方式进行作业""你们过去的生产方式充满了浪费，因此必须做出这么大的改变"，作为一种休克疗法，或许有可取之处。

然而，对于在现场工作的人来说，不仅自己过去的做法遭到了全盘否定，还在不明所以的情况下，收到"按照这种方式来做"的指令，仿佛被当成了机器使用。

而丰田生产方式追求的目标是什么呢？

消除浪费固然是产品制造的目标，但说到底，实现目标的支柱必须是现场"运用智慧工作的人""拥有改善力的人"。生产线、工厂正因为凝聚了现场的智慧，竞争力才得以提升。

若将这个最重要的原则抛之脑后，即使一口气构建起理想的生产线，恐怕也很难再有进一步的发展。失去了发展的希望，就不能称为真正意义上的强大生产线。

正因为如此，笔者才强调，即使需要耗费一定的时间，也要脚踏实地，分阶段逐一推进 24 个步骤。虽然有时会感到迷茫或重复试错，但逐渐习惯"发现浪费并改善""把人的工作变成工具的工作""把人的工作变成机器的工作"之后，随着改善力的不断提升，自动化的进程也会切实加快。在到达最后一步时，企业已经具备强大的竞争力。

◎ 将"安排的工作"转换为"自己的工作"

以某办公设备制造商 F 公司为例。

过去，F 公司的一贯做法是只要董事发话，便会在一夜之间铺设一条长长的传送带，也从未提出改善提案等，现场只按照上级的指令或母公司的要求制造产品。

然而，由于母公司发展方针的调整，这些大批量生产的

生产方式自动化导入的步骤

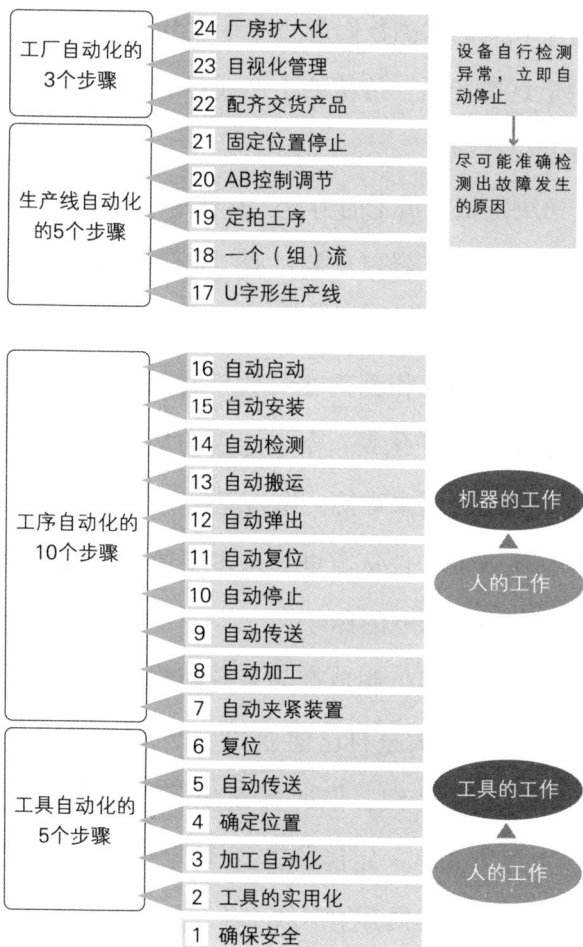

工厂自动化的 3个步骤	24 厂房扩大化
	23 目视化管理
	22 配齐交货产品
生产线自动化 的5个步骤	21 固定位置停止
	20 AB控制调节
	19 定拍工序
	18 一个（组）流
	17 U字形生产线

设备自行检测
异常，立即自
动停止

尽可能准确检
测出故障发生
的原因

工序自动化的 10个步骤	16 自动启动
	15 自动安装
	14 自动检测
	13 自动搬运
	12 自动弹出
	11 自动复位
	10 自动停止
	9 自动传送
	8 自动加工
	7 自动夹紧装置

机器的工作

▲

人的工作

工具自动化的 5个步骤	6 复位
	5 自动传送
	4 确定位置
	3 加工自动化
	2 工具的实用化
	1 确保安全

工具的工作

▲

人的工作

商品业务即将向海外工厂转移。作为母公司在日本国内的生产子公司之一，F公司为了生存，不得不在几乎每一件产品规格都各不相同的大型数码产品中寻求出路。

要制造这类产品，传统的生产线已无法实现，必须建立全新的成套生产线。

F公司决定依靠员工的力量，从头开始建立新的生产线。参观了好几家工厂，经过反复试验，最终建成了一条与传统的传送带截然不同的"台车牵引线"，均只靠微型电机驱动。

而且，从开始运作到现在的数年时间里，F公司的生产线又发生了怎样的变化呢？令人惊叹的是，所有的能源都实现了仅靠太阳能发电来维持，作为理想型生产线而备受瞩目。当然，在品质方面，也从全世界众多集团公司的工厂中脱颖而出，获得了世界第一的称号。

在给定的生产线上制造产品是有限制的。要将"给定的生产线"转变为"大家自己建立的生产线"。刚开始或许只能接受安排好的生产线，但通过逐步采取措施，运用智慧，锻炼改善力等方式，一定能将其逐渐转变为自己的生产线。还可以通过改善持续提升生产线水平。

◎ 样板线的优点

在工厂建立新的生产线时，最好从多条生产线中选取一条，以此尝试目标制造方式。就像总承包商或住宅制造商，在有多个建筑施工现场的情况下，可选择其中一处现场，若是持有多家店铺的服务行业，则选择其中一家店铺。

以这些生产线、现场、店铺为样板，开始进行改善。

为什么要采取这种方式呢？正如前文所说，人往往固执地认为自己所做的事情一定是正确的。无论出现多么荒谬的结果，本人依然坚持认为自己的做法是最好的。要一下子完全改变恐怕会引发对方强烈的抵触心理。

因此，使用样板线，告知对方"以这种做法为目标"，向对方展示并获得对方的认可才显得尤为重要。

对执行的一方来说，样板线的优点也很突出。

改善是一个反复试错的过程，时而进展顺利，时而面临失败。只要迈出的方向没有错，就可以持续不断地改善，获得更好的成效。但若一次性改变所有的生产线，反复试错的过程会使现场陷入混乱，遭到员工们强烈的排斥。

若设置样板线，便可对遇到的阻碍逐一进行改善，不断提高生产线的完成度。通过展示这种严格按照步骤、朝着理想的生产线持续推进的做法，样板线以外的员工们也能亲眼看到改善的整体面貌，并表示支持。

这种"通过实际展示说服员工"的做法非常重要。

在做出巨大的改变时，员工其实也有难处。若利用职权或权力要求对方"必须这样做""务必那样做"，即使员工们表面上装作服从，内心深处也十分反感。如此一来，"培养运用智慧工作的人才"这一最重要目的将无法实现。

权力的行使并不代表改善的实行。关键是得到员工们的理解与支持。为此，样板线将成为极为有效的手段。有时即使用言语说明，用头脑思考，往往也很难具体想象"到底要做什么""会发生怎样的变化"，对此，只需看样板线就能一目了然。促使员工与自己过去的做法相比较，让大家发自内心地认同"这种方法更好"，并积极参与其中。

◎ "横向展开"的含义

通过样板线确立了新的生产方式后，接下来便是对样板线进行横向展开。"横向展开"是"全面进行推广"的简称，具体是指当某个部门出现优秀事例时，将其技术诀窍在其他部门进行推广，使其成为整个丰田公司及丰田集团的成果。

某些企业各部门的独立性相对较强，或具有一定的领地意识，部门内的成功事例根本未能传递到其他部门，无法成为整个企业的成果。不过，就丰田公司的情况而言，通过横向展开，无论成功事例还是失败事例，都能迅速得到推广，从而导向更大的成功。这也是丰田公司及丰田集团强大的秘诀。

在横向展开时需要注意的是，各个现场工作的人是不同的，如果原封不动地对某个部门的成功案例进行复制，大多会出现进展不顺的情况。要结合自己部门的实际情况来展开。

样板线也是如此。

虽说在样板线上实行得很顺利，但在直接向所有的生产线横向展开的过程中，多少会产生一些问题。要以"我们要比样板线做得更好"的态度激发现场的智慧，才能确保顺利推广。

丰田在新建工厂时，参与工厂建设的人当然会充分利用之前建厂的技术诀窍，但更关键的是，他们内心都怀着"打败丰田"的信念。换句话说，大家决心制造出迄今为止丰田工厂从未有过的、更好的产品。这样才能激发出更多的智慧，创造出强大的工厂。

◎ 积极实行展厅化

改善顺利推进到一定的程度，企业已经具备相当的"制造力"时，不妨大胆地考虑实行工厂的展厅化。

提到展厅，大部分人的印象或许都是在工厂以外的地方设置一个空间来介绍自己公司的产品，配备专职的向导，为客户进行解说。然而，许多实践丰田生产方式的企业都奉行"工厂本身就是展厅"的理念，主动邀请客户到工厂参观制造现场。

对于制造商而言，最重要的是成品使用方便，性能良好。不过，在这个时代，向客户展示厂家对产品制造的态度，让大家了解员工对工作的思考同样非常重要。

笔者曾有过这样的经历。

事情发生在笔者担任某住宅开发商董事一职期间。当时，笔者从设计部门获知，制造商 G 公司的产品"存在某些问题"，这家公司不久后便引发了丑闻。为此，笔者向 G 公司提出了"能否进工厂参观"的请求。

结果遭到了拒绝。理由是"本公司对自己的产品绝对有信心,但由于关系到企业秘密,即使是客户,也谢绝参观"。只要看过生产现场,企业真正的制造力便能一目了然。G公司的态度如此强硬,说明某些东西或许很难展示于人前,之后,笔者不得不谨慎对待与公司的来往。后来我借机短暂地参观了G公司的工厂,当时的印象十分深刻:"这确实没法给人看啊。"

对外展示工厂的好处很多。某办公设备制造商每年接待近2000名参观者。参观者自然包括客户以及将来考虑合作的企业,除此之外还有当地的中小学生和地方公共团体。虽然迎接参观的相关准备工作十分不易,但通过展示实际的产品制造现场,加深大家对员工的了解,不仅可以获得当地人的信任,在发展新客户方面也有极大的贡献。

如今当消费者在超市购买肉类和蔬菜时,产地在哪里、生产者是谁、采用何种生产方式等源头可追溯管理已成为常识。在这个时代,只有安心、安全、可靠,才能得到消费者的支持,产品制造也是一样的。品牌的概念不再是"〇〇厂商制造",而要通过展示"在哪里采取怎样的方式生产",以制造方法或制造力来打造品牌。

◎ 增强"对外展示"的自信

要实行工厂的展厅化，确保企业自身建立起强大的"制造力"是一大前提，同时还需做好以下几点。

①5S 的彻底执行

首先必须绝对保证普通客户进入工厂时的安全，并确保正在作业的人员的安全。实行工厂展厅化的多数企业通常会尽可能展示更多的生产线，而不是只选择极少部分路线进行引导。当然，若是 5S 执行得不够彻底，工厂也无法安心接受客户的参观。

5S 与安全优先于一切，这是绝对条件。

②让工厂的宣传布告更加明了醒目

虽然与展厅化无关，但作为丰田式改善的特征，一般会在工厂里粘贴大量员工的评价表或改善推进图等宣传布告，以便所有的员工都能"看见"。在接待大批参观者时，需要在粘贴高度、文字等方面再花一点心思，使其更加明了醒目。

当然，这个环节不需要浪费过多的时间，不过考虑到接待对象还包括未来的客户，最好能利用醒目的宣传布告展示企业致力于改善活动和人才培养等信息，让客户一望便知。

③引导方法

某家企业在人数较少时，由生产现场的管理人员直接担任向导；人数较多时，则由间接部门选出的几名女员工负责引导和讲解。

该企业首次决定对工厂实行展厅化，邀请集团公司的董事等参观工厂时，也曾考虑请劳务派遣公司的所谓的专业人士来担任向导，但出于"自己所做的改善要由自己来介绍"的想法，最终决定由自己的员工来负责引导。一开始因为是外行，不明白的地方很多，不过随着前往工厂次数的增加，不断深入了解学习，引导和讲解工作也做得越来越好。不仅如此，员工们还将迄今为止遇到的所有问题建成了数据库，根据参观者的不同特征来调整讲解方式，花了许多心思，现在甚至比工厂负责人讲解得更好。

④拥有闪光点

通过改善，创造出"这个很厉害""这个很有参考价值"等。对于前来参观的人而言"非常值得一看"的闪光点是很重要的，而且还要让这些闪光点不断进化升级。

大批参观者的到来意味着工厂具有让人"想一探究竟"的吸引力。

即使展厅化难以实现，对于工厂而言，"向他人展示"的重要性依然不容忽视。无论什么样的企业，在开展改善活动的过程中都会遭遇平台期，产生"已经做得够多了，实在没有可改善的了"等懈怠心理。在这种情况下，可以选择前往其他公司的工厂参观，或反其道而行，邀请同样实行丰田生产方式的企业来参观自己的工厂。通过这种方式，挖掘出此前从未注意到的问题点，或启发自己抓住过去未曾想到的改善线索。

"拒绝展示自己的工厂，要么是没什么值得一看的，要么是不愿意自曝其短"，这是多年来一直实践丰田生产方式的企业经营者的感受。工厂就是在参观与被参观的过程中不断磨炼成长的。员工们刚开始或许会有些不适应，但逐渐习惯之后，前来参观的人对自己工作的关注往往能激发员工们的干劲，促使大家萌生"下次展示之前要更加努力地改善"等想法。

通过改善提高"制造力"，以"制造力"为武器持续开发新客户。工厂并非机械式地听从指令制造产品的场所，而要努力将其打造为创造产品、培养人才、发展客户的重要平台。

第 5 章

完成"培育""成长"的最强循环

——培养人才的改善

10 ┃ 造就改善的"环"与"和"

◎ 为什么说"前道工序是神"？

为什么说"前道工序是神"？

在推进丰田式改善的过程中，合作企业的参与是不可避免的，必须纳为改革的一环，否则将造成较大的阻碍。合作企业指的是提供零部件的企业。丰田生产方式尤为重视与合作企业的伙伴信任关系，甚至有"前道工序是神，后道工序是客"的说法。

就其原因，丰田汽车公司的社长渡边捷昭解释如下：

"在日本，七成以上的汽车零部件都是从公司外部采购的。缺乏供应链就无法生产汽车。在公司内部，我反复强调'不要把合作对象称为供应商，要称为合作伙伴'。与合作对象建立良好的伙伴关系，共同改善成本与品质，对我们的汽车制造而言是必不可少的。"

正如渡边捷昭所言，产品制造无法凭制造商一家之力来完成，在以合作企业为首的多方支持下，才有可能"以更低廉的价格、更快的速度，将优良的产品"提供给顾客。

正因为如此，自提出"准时化"生产理念的丰田汽车公司创始人丰田喜一郎掌舵时期开始，丰田便格外注重与合作企业建立独特的关系。

致力于普及丰田生产方式的大野耐一则进一步巩固和加深了这种关系。

大野耐一将丰田生产方式从丰田的元町工厂扩展至总公司工厂，继而在所有的丰田工厂进行整体推广，使之深深扎根。另一方面，为了真正杜绝产品制造中存在的浪费，考虑到集团公司及合作企业也有必要普及并实践丰田生产方式，于是向这些公司派遣丰田的青年员工，采取各种各样的措施支持对方的生产改革。

毫不夸张地说，丰田汽车公司之所以能成为世界排名第一的制造企业，正是源于对这些努力的不断积累。

当然，并不是所有考虑导入丰田生产方式的企业都能复制丰田汽车公司的历程，做出相同的尝试。如今，随着对丰田生产方式理解的不断深入，企业也没有必要做到这一步。

但是，必须在导入丰田生产方式时，积极思考如何与向本公司提供零部件的合作企业打交道，怎样将他们纳入为自身企业改革的一环，并为之付出努力，这一点至今仍未改变。

◎ 寻求真正的伙伴关系

"希望供应商能把我们当成真正的合作伙伴，而不是我们一厢情愿。"

这是实践丰田生产方式 5 年以上的 H 公司采购部长 I 先生的期望。在 I 先生担任采购负责人期间，当时 H 公司的采购部长总是以"看得起才购买"的施恩态度与供应商打交道。供应商按照约定好的时间来访时，他也推托说"现在很忙"，若无其事地让对方等待。这种"理所当然地让对方等待"的态度十分惹眼。发现供应商交付的零部件存在严重缺陷时，他便立即把负责人叫过来，不由分说地要求降价，甚至威胁要结束交易。而对于"为何会出现不良品""怎样做才能杜绝不良品的出现"等最关键的问题却从未思考过。

为此，即使公司以丰田生产方式为基础开始实施生产改革，也只是单方面要求"准时化"交货，采取向供应商施压的做法。

　　结果不仅没能得到供应商的协助，在提升品质、降低成本等方面也没有取得明显成效。

　　面对这一现状，新任采购部长的 I 先生决定进行大胆的改革。在供应商来访时，他不仅热情礼貌地接待，而且还会在对方离开时，恭敬地把人送到门口。

　　在此之前，H 公司负责采购的员工当中，从未有人做过这样的事，但 I 先生以自己每日的实际行动，促使各公司逐渐改变应对的方式。

　　除了欢迎供应商的到访之外，I 先生还与 H 公司的高层一起，积极前往多家供应商拜访。供应商的员工规模大多在 20~30 人。两人到了之后，聆听对方公司社长的讲解，并前往对方的工厂参观。当场询问对方"怎样才能以更低的成本制造更好的产品，有没有好的建议"，也主动就制造方法为对方建言献策。H 公司还发出"有空时欢迎来我们工厂看看"的邀请。实际上，确实也有数家企业前来工厂参观，有的企业甚至开始参考 H 公司的制造方法。对于人手不足，暂无余力实行改善的企业，只要提出申请，H 公司也屡屡派出多名员工帮助企业进行改善。

通过这些深入细致的交流，H 公司逐一获得了供应商们的协助。自此以后，公司的改善与改革得以迅速推进，势如破竹。回顾当时的情景，I 先生发出了这样一番感慨：

"过去，一旦发现零部件有缺陷，便认定是供应商的问题，希望降低产品成本时，也要求供应商降价，总是单方面地将压力转嫁到供应商一方，但若想从真正意义上制造出好的产品，就应该认真倾听供应商的诉求，并表态将尽可能地提供帮助。这样不仅能让供应商敞开心扉，吐露自己的难处，还能获得他们的协助。在加强彼此间的沟通的同时，朝着目标共同迈进，我认为这才是真正的伙伴关系。"

正如他所言，对于制造企业来说，与合作企业建立伙伴关系是必不可少的。

◎ 培养合作企业的改善力

为了获得 40 家合作企业的支持，某住宅制造商的改善推进负责人 J 先生花费了一年半的时间。

J先生的公司主要从事独立式住宅的销售与建造。然而，公司一直以来只负责住宅的销售与设计，之后的具体建造工作则统一外包给当地的建筑公司。建筑公司的承包金额涵盖了从材料采购到建筑施工的全部费用。

J先生的公司决定以丰田生产方式为基础开始实施改革，首要任务便是把材料采购与施工分开，材料由J先生的公司负责采购，各个建筑公司则使用采购好的原材料进行施工。

关于具体的施工方法，也改变了过去全权交给建筑公司的做法，由公司自己制订标准作业，继而要求对方按照这个标准进行施工，尽可能地以更短的工期、更低的成本，提供更高品质的住宅。

对此，建筑公司深感不满。更严重的是，这种做法还遭到了普遍拒绝直接交易的各大制造商的强烈反对。制造商一般通过专业商贸公司或批发商向建筑公司交付货物。

只有真正的大型住宅制造商才能跳过中间环节直接进行交易，就J先生的公司规模而言显然难以实现。

尽管如此，但只有对材料、施工进行分离，改革才能向前推进，于是J先生一往无前，逐一拜访各个制造商的负责人，争取对方的支持。在当地分店负责人难以做出决断时，他甚至多次前往东京和大阪，专程拜访各个制造商的总部请求协助。

每个制造商平均造访四五次，耗费了一年半左右的时间，J 先生的公司终于得到了所有制造商的支持，也因此顺利通过改善，极大地缩短了工期，付出的努力得到了回报，与改革前相比，成功地将每栋建筑的成本降低了数百万日元。公司朝着"以更快的速度、更低的价格提供更好的住宅"的目标迈进了一大步。

大型建筑公司 K 的情况则是这样的。

K 公司由于具备一定的规模，不需要像 J 先生的公司一样为争取支持而四处奔忙。但相应地，对于规模较小、缺乏改善经验的小企业，K 公司投入了很大的精力培养其"改善力"。K 公司主要尝试了以下两种方法。

①利用实际现场与多家合作企业反复开展联合培训

"这样做的话应该能进一步降低成本吧""这种做法应该会更轻松"，大家齐心协力，共同思考，消除企业之间的隔阂。从中产生的智慧均源自现场，因此能发挥出实际的作用。以此为基础，重新制订标准作业并再次进行培训。单靠一家企业无法获得足够的智慧，经过大家思想的碰撞，便能激发出不少奇思妙想。

②派员工协助合作企业数月之久，与对方的员工一起出谋划策

"希望能以更快的速度、更低的价格，提供更好的产品"，无论口头上如何请求，部分合作企业根本没有余力开展改善活动。不过，这些企业却有"想要改善"的意愿。对于这些企业，K公司会派出数名员工前往企业提供帮助，与合作企业的高层及员工同心协力，集思广益进行改善。协助没有标准作业的企业从头开始制订标准作业，帮助消耗单位不明确的企业建立消耗单位。经过数月的努力，这些企业逐渐能够依靠自己开展一些微小的改善活动。

K公司选择合作企业的关键不在于规模或价格。即使规模较小也无妨，是否具备改善力才是判断的依据。对于K公司而言，能够培养多少具备改善力的企业，能否让这些企业聚集在自己周围将是重中之重，为此K公司才不遗余力地提供支援。具备改善力的企业周围所聚集的，应该是同样具备改善力的企业，或真正致力于改善的企业。在这些合作企业的支持下，企业定能获得真正的竞争力。

◎ 不可拘泥于商业习惯

即使发现某些做法阻碍了改善活动的推进，但受长年以来的商业习惯的影响，在某些情况下，企业从一开始就认定对合作企业的委托本身是"不可能实现的"，因而轻易放弃。

某办公用品制造商的高层是一位深谙此道几十年的专家，比其他任何人都更熟悉行业惯例。不过，自创业以来，公司一直实行的是大批量生产方式，导致库存的浪费不断增加，因此决定以多品种少量生产为目标，基于丰田生产方式主动实施生产改革，表现出很高的积极性。在高层强大领导力的推动下，改革的进展十分顺利。

然而，有一个问题却始终没有得到解决。

公司的仓库里瓦楞纸箱堆积如山。这些纸箱主要用于包装或运送公司制造的办公用品，不仅数量上会预备几个月的充足库存，而且随着时间的推移，有些纸箱表面的文字逐渐褪色，有的甚至已经无法使用。之所以有如此大的库存量，是因为公司会提前两三个月向纸箱厂商订货，且订购数量并非实际需求量而是"预估量"，导致用不上的纸箱越来越多，堆放在仓库里不见天日。

对此，公司高层虽然颇感不便，但出于多年的行业惯例，认为"算了，不过是些纸箱而已"，便放弃了改善。然而，随着生产改革的推进，在拜访了数家实行丰田生产方式的先进企业后，高层终于意识到"这种做法毫无道理"。

在参观一家类似自己公司的加工组装厂时，公司高层发现对方的仓库里只存放了满足最低需求量的纸箱，而且完全没有经过印刷。进一步观察后发现，对方只用简单的包装来保护制成的商品，在纸箱上贴上一枚印刷好的标签后便直接交货了。

当询问对方"这么做没问题吗?"时，得到的回答是考虑到配送情况及环保等方面，采用最低限度的包装就足够了，过去那种印有商品名称的瓦楞纸箱包装反倒不方便。这家工厂并没有以商品为单位来准备纸箱，而是提前确定所需的几种类型，通过灵活的搭配组合来满足包装要求。订购后几天内便能收到货品，因此无须浪费库存。高层闻言十分震惊，立即向纸箱制造商和配送公司确认是否真的有这种可能性。结果双方均回复可以实现，特别是纸箱的交货时间，如果不印刷商品名称，只需数日便可交货。

虽然对"为什么各公司都没有就此提出建议"感到疑

惑，但由于高层本人也根本没有想到，这方面的改善恐怕也从未提及吧。

◎ 改善不可勉强

对长期以来的做法过度自信或对行业惯例习以为常的观念是阻碍改善的原因之一。仔细观察仓库内部或社会动向，必然会有一两件事让大家觉得"奇怪"或"不方便"。对此，是抱着"一直以来都是这么做的""没办法，这是行业惯例"的想法而轻易放弃，还是摆脱习惯或常识的束缚并摸索更好的方法，决定企业能否迈出改善的第一步。

改善活动有时会在行业惯例或合作企业之间产生冲突，为此可能需要付出巨大的努力，但只要坚定"一切为了顾客""为了消除生产中存在的浪费"的信念，基本上都能顺利解决。

重要的是，决不能只考虑自己的利益，以"改善"的名义强迫合作企业予以配合。要与合作企业同心并力，即使偶尔产生冲突，也要相互分享智慧，朝着"为顾客而改善"的目标奋进。这既是为了自己的企业，也是为了促进合作企业的共同繁荣。

11 ‖ 制造产品就是培养人才

◎ "韧性"是丰田的关键词

"工作不是靠着权限或权力来完成的，而是应坚持不懈地争取现场员工的理解与支持。说到底，制造产品就是培养人才，指导员工的方法还要改进。"

这是大野耐一曾说过的话。

在尝试导入丰田生产方式时，由于遭遇现场的阻力而无法按预期推进，年轻员工提出"请扩大我的权限，如此一来定能成功"，大野耐一便用这番话来激励对方。

另外，之后成为丰田汽车公司会长的张富士夫在担任美国肯德基工厂的负责人时，付出了极大的努力，才使丰田生产方式落地生根。对于张富士夫的来信，大野耐一总是回信激励道："不要勉强，顽强坚持。"

这些鼓励的话语中，包含了根植改善文化最关键的要素。

另一章中已提到，要推进丰田式改善，强大的领导能力是必不可少的。唯有高层下定决心"改革企业"，并带头积极参与，改善才不会以昙花一现而告终。

那么，是否只要有高层的支持就能一帆风顺呢？其实并非如此。

冠以高层名义的"〇〇改革"十分常见。通常由一名充满个性的高层领导负责，发挥强大的领导能力主导改革。在成功实现业绩陡然回升的情况下，甚至还会出现"〇〇神奇改革"等称呼。

这些名号听起来确实很响亮，但这种革命般的改革能在真正意义上长久延续吗？多数情况下，随着高层领导的更迭，不过寥寥数年，曾经的气势便消失无踪了。

而丰田公司从未实行过"〇〇改革"般轰轰烈烈的改革，即使高层更替，也一直迈着稳健的步伐，切实推进改善。现在，丰田的利润总额已超过 2 兆日元，达到了世界第一的水准。

其中的区别究竟是什么呢？

对比"〇〇改革"只依赖于高层一人的强大领导能力，丰田的改善需要上至高层领导、下至现场工作的员工全部参与其中，以"日日改善，日日实践"的理念为支撑。

丰田生产方式既是一种"制造方法"，也是一个培养"运用智慧工作的人才""具备改善能力的人才"的体系，同时还是一种依靠成长起来的人才，发挥其特有的智慧，促使生产方式不断进化的独特机制。

也就是说，比起仅靠高层的领导能力推进的改革，丰田生产方式需要在人才培养上花费巨大的时间与耐心。这就是大野耐一强调"要坚持不懈地争取员工的理解与支持"的原因所在。

若认为这些努力徒劳无功，忽视了对人才的培养，员工的改善力便无从谈起，企业也无法成为真正意义上具备竞争力的企业。

"培养人才"是最重要的。通过培养人才、依托人才推动改善的良好循环不断运转，打造持续改善的企业，才是改善的真正目标。

◎ 培养具备改善力的人才

培养"具备改善力的人才"需注意以下几个要点。

制造产品就是培养人才

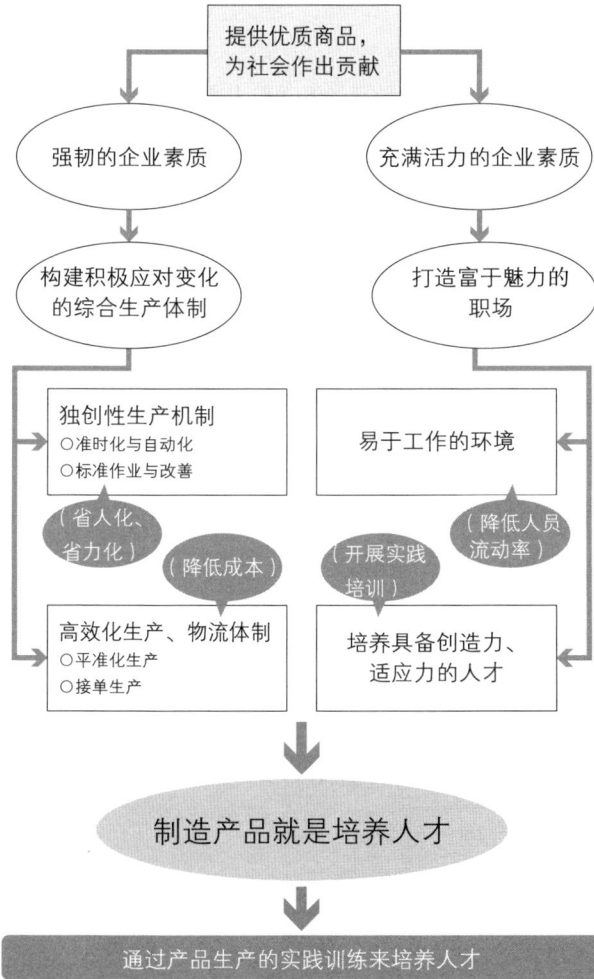

提供优质商品，
为社会作出贡献

强韧的企业素质　　　充满活力的企业素质

构建积极应对变化
的综合生产体制　　　打造富于魅力的
职场

独创性生产机制
○准时化与自动化
○标准作业与改善

易于工作的环境

（省人化、
省力化）

（降低成本）

（开展实践
培训）

（降低人员
流动率）

高效化生产、物流体制
○平准化生产
○接单生产

培养具备创造力、
适应力的人才

制造产品就是培养人才

通过产品生产的实践训练来培养人才

①人的智慧是无限的

"人的智慧是惊人的，没有极限。"这曾是大野耐一的口头禅。

他还常说"智慧是平等的，人人都有"。

若没有困境的刺激，智慧也无法产生。一旦陷入困境之中，人们就会拼命地思考"必须设法做点什么"。

丰田生产方式的基础在于坚信每个人都拥有智慧，让大家直面困境，从而充分激发大家的智慧。关键是要相信人的智慧之妙，笃定只要真正运用智慧，大部分问题都能迎刃而解。

②让员工自己思考答案

在丰田生产方式中，上司的作用主要是"给部下出难题，挖掘对方的智慧"，以及"让部下独立思考，自己寻找答案"。不能从一开始就告知答案，而要先让对方思考。并且，在部下感到困惑、迷茫而前来咨询时，不要直接告诉对方答案，而是给出合理的建议。

可以说，"工作就是与部下比拼智慧"。若对部下发出了指令，就要与对方一起面对烦恼或痛苦，帮助部下找出更好的答案。

③逐步提升问题的难度

进一步提高目标。从最初的"完善这道工序",到"完善这条生产线",继而"完善这家工厂",最后是"让那家企业扭亏为盈"。

"一个个地解决问题,一点点地提高难度。经过大野先生及其团队的锻炼,现在再让我'重建那家陷入赤字的公司',我丝毫不会感到惊慌。"张富士夫如是说道。

突然给人安排难度较大的任务,会导致对方丧失自信。但也不能踌躇不前,总是做能力范围内的事情将无法获得成长。逐渐提高问题的难度,让员工自行思考,依靠自己的力量解决问题,才能真正达到培养人才的目的。

④不可满足于现状

"忘记昨天,也不要考虑明天",大野耐一的这句话上文已有提及。"与昨天相比,若满足于'今天取得了很大的进展',改善便会止步于此。即便认为'明天再做也行',也并不意味着到了第二天就能灵光乍现。当天所做的事情,必须在当天及时反思",要有这样的认识,当天的问题要集中在当天解决。

改善活动中最重要的是要经常思考"应该还有更好的方

法"。决不可满足于现状，要朝着"今日更比昨昔，明日更胜今朝"的目标，尽可能地向前迈进。培养具有强烈上进心的部下对改善的持续至关重要。

⑤保持谦逊

丰田的强大在于持续不断的标杆分析。始终认为世界上"物美价廉的产品"数不胜数，只有从中学习，以此为目标不断改善，才能成为世界第一的制造企业。

人也是如此。无论取得了多大的成果，都决不可骄傲自满。始终保持谦逊，争取更上一层楼，才能获得成长。

"读过若松先生的书之后，我发现这种思维也可用于医院的经营管理，这是我对丰田生产方式产生兴趣的契机。"

某位成功推行业务改善、经营改革的医院经营者曾发出这样的感言。

接触了丰田生产方式后，有的人认为"这不过是汽车制造方面的经验，充其量只对制造商有用"，有的人则像这位经营者一样，发现"可以用在自己的工作上"，并开始采取行动。在笔者看来，其中的差异主要在于，对方究竟是关注表面上的改善方法或手段，还是着眼于本质上的"培养人才"以及"对事物的看法、思维方式、行动方式"。

丰田生产方式通过改善来培养人才，又依靠人才持续推进改善，从而创造出独具一格的产品和服务。最重要的是培养人才。虽说我们身处一个"唯有企业富裕起来"的时代，但还是希望大家能再次认识到培养人才的重要性与人的智慧的可贵。

通过本书，若能让尽可能多的读者理解丰田式改善"制造产品就是培养人才"的精神实质，并将其运用到日常活动中，笔者将不胜荣幸。

另外，本书所引用的大野耐一先生的言谈或逸闻大多出自笔者的笔记，但为了更加准确，笔者还参考了大野先生所著的《丰田生产方式》以及《大野耐一的现场管理》、《工厂管理》1990 年 8 月刊（日刊工业新闻社）等书刊。此外，《丰田英二语录》（丰田英二研究会，小学馆文库）、《丰田体系的原点》（下川浩一、藤本隆宏编著，文真堂）、《创造丰田生产方式的男人》（野口恒，TBS Britannica）、《丰田用语事典》（柴田诚，日本实业出版社）、《简易入门——丰田生产方式》（丰田生产方式思考会编，日刊工业新闻社）、《丰田的方式》（片山修，小学馆文库）、《发掘人才——我的经营哲学》（日本经济新闻社编，日经商务人文库）、《丰田式工作教科书》（President 编辑部编，President 出版社）等书籍、报纸及杂志经济报道也为本书提供了大量的信息，在此表示衷心的感谢。

在本书的撰稿过程中，丰田及丰田集团的各位成员，自卡尔曼创立以来结缘的众多经营者，以及活跃在生产现场的各位都为本书提出了宝贵的建议。在此深表感谢。同时也非常感谢桑原晃弥先生、吉田宏先生以及 PHP 研究所的吉村健太郎先生在策划、编辑方面对本书的大力支持。

东方出版社助力中国制造业升级

书　　名	ISBN	定　价
精益制造001：5S 推进法	978－7－5207－2104－2	52 元
精益制造002：生产计划	978－7－5207－2105－9	58 元
精益制造003：不良品防止对策	978－7－5060－4204－8	32 元
精益制造004：生产管理	978－7－5207－2106－6	58 元
精益制造005：生产现场最优分析法	978－7－5060－4260－4	32 元
精益制造006：标准时间管理	978－7－5060－4286－4	32 元
精益制造007：现场改善	978－7－5060－4267－3	30 元
精益制造008：丰田现场的人才培育	978－7－5060－4985－6	30 元
精益制造009：库存管理	978－7－5207－2107－3	58 元
精益制造010：采购管理	978－7－5060－5277－1	28 元
精益制造011：TPM 推进法	978－7－5060－5967－1	28 元
精益制造012：BOM 物料管理	978－7－5060－6013－4	36 元
精益制造013：成本管理	978－7－5060－6029－5	30 元
精益制造014：物流管理	978－7－5060－6028－8	32 元
精益制造015：新工程管理	978－7－5060－6165－0	32 元
精益制造016：工厂管理机制	978－7－5060－6289－3	32 元
精益制造017：知识设计企业	978－7－5060－6347－0	38 元
精益制造018：本田的造型设计哲学	978－7－5060－6520－7	26 元
精益制造019：佳能单元式生产系统	978－7－5060－6669－3	36 元
精益制造020：丰田可视化管理方式	978－7－5060－6670－9	26 元
精益制造021：丰田现场管理方式	978－7－5060－6671－6	32 元
精益制造022：零浪费丰田生产方式	978－7－5060－6672－3	36 元
精益制造023：畅销品包装设计	978－7－5060－6795－9	36 元
精益制造024：丰田细胞式生产	978－7－5060－7537－4	36 元
精益制造025：经营者色彩基础	978－7－5060－7658－6	38 元
精益制造026：TOC 工厂管理	978－7－5060－7851－1	28 元

书 名	ISBN	定 价
精益制造 027：工厂心理管理	978-7-5060-7907-5	38 元
精益制造 028：工匠精神	978-7-5060-8257-0	36 元
精益制造 029：现场管理	978-7-5060-8666-0	38 元
精益制造 030：第四次工业革命	978-7-5060-8472-7	36 元
精益制造 031：TQM 全面品质管理	978-7-5060-8932-6	36 元
精益制造 032：丰田现场完全手册	978-7-5060-8951-7	46 元
精益制造 033：工厂经营	978-7-5060-8962-3	38 元
精益制造 034：现场安全管理	978-7-5060-8986-9	42 元
精益制造 035：工业 4.0 之 3D 打印	978-7-5060-8995-1	49.8 元
精益制造 036：SCM 供应链管理系统	978-7-5060-9159-6	38 元
精益制造 037：成本减半	978-7-5060-9165-7	38 元
精益制造 038：工业 4.0 之机器人与智能生产	978-7-5060-9220-3	38 元
精益制造 039：生产管理系统构建	978-7-5060-9496-2	45 元
精益制造 040：工厂长的生产现场改革	978-7-5060-9533-4	52 元
精益制造 041：工厂改善的 101 个要点	978-7-5060-9534-1	42 元
精益制造 042：PDCA 精进法	978-7-5060-6122-3	42 元
精益制造 043：PLM 产品生命周期管理	978-7-5060-9601-0	48 元
精益制造 044：读故事洞悉丰田生产方式	978-7-5060-9791-8	58 元
精益制造 045：零件减半	978-7-5060-9792-5	48 元
精益制造 046：成为最强工厂	978-7-5060-9793-2	58 元
精益制造 047：经营的原点	978-7-5060-8504-5	58 元
精益制造 048：供应链经营入门	978-7-5060-8675-2	42 元
精益制造 049：工业 4.0 之数字化车间	978-7-5060-9958-5	58 元
精益制造 050：流的传承	978-7-5207-0055-9	58 元
精益制造 051：丰田失败学	978-7-5207-0019-1	58 元
精益制造 052：微改善	978-7-5207-0050-4	58 元
精益制造 053：工业 4.0 之智能工厂	978-7-5207-0263-8	58 元
精益制造 054：精益现场深速思考法	978-7-5207-0328-4	58 元
精益制造 055：丰田生产方式的逆袭	978-7-5207-0473-1	58 元

书　名	ISBN	定　价
精益制造 056：库存管理实践	978-7-5207-0893-7	68 元
精益制造 057：物流全解	978-7-5207-0892-0	68 元
精益制造 058：现场改善秒懂秘籍：流动化	978-7-5207-1059-6	68 元
精益制造 059：现场改善秒懂秘籍：IE 七大工具	978-7-5207-1058-9	68 元
精益制造 060：现场改善秒懂秘籍：准备作业改善	978-7-5207-1082-4	68 元
精益制造 061：丰田生产方式导入与实践诀窍	978-7-5207-1164-7	68 元
精益制造 062：智能工厂体系	978-7-5207-1165-4	68 元
精益制造 063：丰田成本管理	978-7-5207-1507-2	58 元
精益制造 064：打造最强工厂的 48 个秘诀	978-7-5207-1544-7	88 元
精益制造 065、066：丰田生产方式的进化——精益管理的本源（上、下）	978-7-5207-1762-5	136 元
精益制造 067：智能材料与性能材料	978-7-5207-1872-1	68 元
精益制造 068：丰田式 5W1H 思考法	978-7-5207-2082-3	58 元
精益制造 069：丰田动线管理	978-7-5207-2132-5	58 元
精益制造 070：模块化设计	978-7-5207-2150-9	58 元
精益制造 071：提质降本产品开发	978-7-5207-2195-0	58 元
精益制造 072：这样开发设计世界顶级产品	978-7-5207-2196-7	78 元
精益制造 073：只做一件也能赚钱的工厂	978-7-5207-2336-7	58 元
精益制造 074：中小型工厂数字化改造	978-7-5207-2337-4	58 元
精益制造 075：制造业经营管理对标：过程管理（上）	978-7-5207-2516-3	58 元
精益制造 076：制造业经营管理对标：过程管理（下）	978-7-5207-2556-9	58 元
精益制造 077：制造业经营管理对标：职能管理（上）		
精益制造 078：制造业经营管理对标：职能管理（下）		
精益制造 079：工业爆品设计与研发	978-7-5207-2434-0	58 元
精益制造 080：挤进高利润医疗器械制造业	978-7-5207-2560-6	58 元
精益制造 081：用户价值感知力	978-7-5207-2561-3	58 元
精益制造 082：丰田日常管理板：用一张看板激发团队士气	978-7-5207-2688-7	68 元
精益制造 083：聚焦用户立场的改善：丰田式改善推进法	978-7-5207-2689-4	58 元

"精益制造" 专家委员会

齐二石　天津大学教授（首席专家）

郑　力　清华大学教授（首席专家）

李从东　暨南大学教授（首席专家）

江志斌　上海交通大学教授（首席专家）

关田铁洪（日本）　原日本能率协会技术部部长（首席专家）

蒋维豪（中国台湾）　益友会专家委员会首席专家（首席专家）

李兆华（中国台湾）　知名丰田生产方式专家

鲁建厦　浙江工业大学教授

张顺堂　山东工商大学教授

许映秋　东南大学教授

张新敏　沈阳工业大学教授

蒋国璋　武汉科技大学教授

张绪柱　山东大学教授

李新凯　中国机械工程学会工业工程专业委员会委员

屈　挺　暨南大学教授

肖　燕　重庆理工大学副教授

郭洪飞　暨南大学副教授

毛少华　广汽丰田汽车有限公司部长

金　光　广州汽车集团商贸有限公司高级主任

姜顺龙　中国商用飞机责任有限公司高级工程师

张文进　益友会上海分会会长、奥托立夫精益学院院长

邓红星　工场物流与供应链专家

高金华　益友会湖北分会首席专家、企网联合创始人

葛仙红　益友会宁波分会副会长、博格华纳精益学院院长

赵　勇　益友会胶东分会副会长、派克汉尼芬价值流经理

金　鸣　益友会副会长、上海大众动力总成有限公司高级经理

唐雪萍　益友会苏州分会会长、宜家工业精益专家

康　晓　施耐德电气精益智能制造专家

缪　武　益友会上海分会副会长、益友会/质友会会长

东方出版社

广州标杆精益企业管理有限公司

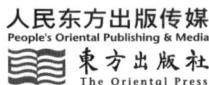

標杆精益®
BENCHMARK LEAN

人民东方出版传媒
People's Oriental Publishing & Media
東方出版社
The Oriental Press

图字：01-2021-3080 号

图书在版编目（CIP）数据

聚焦用户立场的改善：丰田式改善推进法／（日）若松义人 著；王蕾 译. —北京：东方出版社，2022.3

（精益制造；083）

ISBN 978-7-5207-2689-4

Ⅰ. ①聚… Ⅱ. ①若… ②王… Ⅲ. ①丰田汽车公司—工业企业管理—经验 Ⅳ. ①F431.364

中国版本图书馆 CIP 数据核字（2022）第 036405 号

精益制造 083：聚焦用户立场的改善：丰田式改善推进法

（JINGYIZHIZAO 083：JUJIAO YONGHU LICHANG DE GAISHAN：FENGTIANSHI GAISHAN TUIJINFA）

作　　者：［日］若松义人

译　　者：王　蕾

责任编辑：崔雁行　高琛倩

出　　版：东方出版社

发　　行：人民东方出版传媒有限公司

地　　址：北京市西城区北三环中路 6 号

邮　　编：100120

印　　刷：北京文昌阁彩色印刷有限责任公司

版　　次：2022 年 3 月第 1 版

印　　次：2022 年 3 月第 1 次印刷

开　　本：880 毫米×1230 毫米　1/32

印　　张：7.125

字　　数：125 千字

书　　号：ISBN 978-7-5207-2689-4

定　　价：58.00 元

发行电话：（010）85924663　85924644　85924641